SUCESSO E SORTE

SUCESSO E SORTE
O MITO DA MERITOCRACIA

Robert H. Frank

TRADUÇÃO
Camila Araújo

Copyright da tradução © 2017 by Editora Letramento
Copyright © 2016, Robert H. Frank All rights reserved
Título Original: Success and luck: good fortune and the myth of meritocracy

Diretor Editorial | **Gustavo Abreu**
Diretor Administrativo | **Júnior Galdereto**
Diretor Financeiro | **Cláudio Macedo**
Logística | **Vinícius Santiago**
Tradução | **Camila Araújo**
Preparação | **Lorena Camilo**
Revisão | **Nathan Matos e Lorena Camilo**
Capa | **Gustavo Zeferino e Luís Otávio**
Projeto Gráfico e Diagramação | **Luís Otávio e Gustavo Zeferino**

Todos os direitos reservados.
Não é permitida a reprodução desta obra sem
aprovação do Grupo Editorial Letramento.

Referência para citação
FRANK, R. H. Sucesso e sorte: o mito da meritocracia.
Belo Horizonte (MG): Letramento, 2017.

F828s Frank, Robert. H.

Sucesso e sorte: o mito da meritocracia / Robert H. Frank; Tradução Camila Araújo. – Belo Horizonte (MG): Letramento, 2017.

192 p.; ilustrado.; 22,5 cm.

Inclui referências

ISBN: 978-85-9530-019-4

Título original: Success and luck: good fortune and the myth of meritocracy

1. Economia.2.Fortuna – Aspectos econômicos.3.Sucesso – Aspectos econômicos.4.Economia – Aspectos psicológicos.5.Mérito(ética) – Aspectos econômicos.I.Araújo, Camila.II Título. III.Título: o mito da meritocracia

CDD 650.1

Belo Horizonte - MG
Rua Cláudio Manoel, 713
Funcionários
CEP 30140-100
Fone 31 3327-5771
contato@editoraletramento.com.br
editoraletramento.com.br
casadodireito.com

Sorte é algo que você não pode mencionar na presença de um homem que "se fez" na vida.
E. B. WHITE

A quinta canção dos Filósofos

Um milhão de milhões de espermatozoides
Todos vivos
De seu cataclismo, só um pobre Noé
Se atreve a esperar sobreviver
E entre aquele bilhão menos um
Poderia ter sido
Shakespeare, outro Newton, um novo Donne —
Mas o Escolhido era Eu.
É uma pena ter sobrepujado seus melhores, assim,
Zarpando a arca enquanto os outros estavam de fora!
Melhor para todos nós, atrevido Homúnculos,
Se você morresse silenciosamente.
    — ALDOUS HUXLEY (1920)

SUMÁRIO

	Prefácio	11
	Agradecimentos	17
1.	ESCREVA SOBRE O QUE SABE	19
2.	POR QUE EVENTOS ALEATÓRIOS E BANAIS SÃO IMPORTANTES?	37
3.	COMO O MERCADO DO "TUDO OU NADA" AUMENTA O PAPEL DA SORTE	53
4.	POR QUE OS MAIORES VENCEDORES SÃO QUASE SEMPRE SORTUDOS?	67
5.	POR QUE AS FALSAS CRENÇAS SOBRE SORTE E TALENTO AINDA PERSISTEM?	79
6.	O FARDO DAS FALSAS CRENÇAS	93
7.	ESTAMOS COM SORTE: UMA OPORTUNIDADE DE OURO	113
8.	SENDO GRATO	129
	Apêndice 1: resultados de simulação detalhados para o capítulo 4	149
	Apêndice 2: perguntas frequentes sobre o imposto de consumo progressivo	157
	Notas	169
	Índice Remissivo	181

PREFÁCIO

O quão importante é a sorte? Poucas perguntas como esta conseguem dividir conservadores dos liberais. Como os conservadores corretamente apontam, pessoas que conseguem acumular grandes fortunas quase sempre são extremamente talentosas e esforçadas, mas os liberais também observam, corretamente, que são inúmeras as pessoas que possuem essas mesmas qualidades e, ainda assim, nunca ganham muito.

Recentemente, sociólogos descobriram que o acaso têm um papel muito mais importante no desenrolar da vida do que a maioria das pessoas imagina. Em *Sucesso e sorte*, eu exploro as implicações intrigantes, e muitas vezes inesperadas, dessas descobertas para pensar melhor sobre o papel da sorte em nossa vida.

Originalmente, meu subtítulo para o livro era "Uma perspectiva pessoal". Eu o escolhi na preocupação de que alguns leitores pudessem contestar caso não fossem avisados previamente de que minha estória inclui vários relatos de minhas próprias experiências com o acaso. Mas meus editores, em Princeton, me convenceram de que "Uma perspectiva pessoal" poderia levar as pessoas a confundirem o livro com uma autobiografia, o que *Sucesso e sorte* não é. A preocupação deles, não declarada, mas sem dúvidas válida, era a que autobiografias de pessoas que não são celebridades atraíssem poucos leitores.

Fiquei relutante em aceitar a alternativa proposta por Princeton, *Sucesso e sorte: e o mito da meritocracia*, por ter argumentado longamente que o sistema de mercado da maioria das economias desenvolvidas são agora bem mais meritocráticas do que no passado. Minha preocupação foi confirmada pela reação de um colega de longa data, quando mostrei o modelo da capa do livro. "Por que as empresas não deveriam contratar os candidatos mais qualificados?", ele perguntou. Eu o certifiquei de que era veementemente contra nepotismo, assim como ele.

É claro que, na prática, nenhum sistema poderia ser perfeitamente meritocrático. Mas minha eventual decisão por *Sucesso e sorte: o mito da meritocracia* tinha pouco a ver com qualquer preocupação quanto a quaisquer vestígios de nepotismo e privilégio de classes que pudessem persistir. Pelo contrário, foi por acreditar que a retórica da meritocracia havia causado um grande estrago.

O termo foi cunhado em 1958, pelo sociólogo britânico (e mais tarde lorde) Michael Young, em uma sátira mordaz ao sistema educacional britânico. Em *The Rise of the Meritocracy*, ele argumenta que encorajar pessoas bem-sucedidas a se autoengrandecer por atribuir seu sucesso somente aos seus esforços e habilidades só pioraria as coisas no fim das contas.[1] Em uma coluna de 2001, refletindo sobre o livro, ele apontou que, embora faça sentido designar pessoas a trabalhos por mérito, "O oposto ocorre quando aqueles que foram julgados ter mérito de algum tipo se fecham em uma nova classe social sem espaço para outras pessoas".[2] Young estava desgostoso com o termo pejorativo que criou porque foi tão rapidamente utilizado como um adjetivo de aprovação.

Em sociedades que celebram o individualismo meritocrático, dizer que os principais ganhadores podem ter tido um pouco de sorte aparentemente é o mesmo que dizer a eles que não deveriam estar no topo, que não são quem pensam ser. A retórica da meritocracia parece ter camuflado a medida em que o sucesso e o fracasso se engrenam decisivamente em eventos que estão completamente fora do controle de qualquer indivíduo. Em seu discurso de abertura na graduação da turma de 2012, na Universidade de Princeton, por exemplo, Michael Lewis descreveu a improvável corrente de eventos que o ajudou a se tornar um autor rico e famoso:

> Uma noite fui convidado para um jantar onde sentei ao lado da esposa de um grande nome de um dos maiores bancos de investimento de Wall Street, chamado Solomon Brothers. Ela mais ou menos forçou seu marido a me dar um emprego. Meu conhecimento sobre Salomon

Brothers era quase nulo. Mas Salomon Brothers parecia ser o lugar onde Wall Street estava sendo reinventada – no lugar que todos hoje conhecemos e amamos. Quando cheguei lá fui designado, de forma quase arbitrária, para o melhor trabalho para se observar a crescente loucura: eles me transformaram no especialista da casa em derivativos. Um ano e meio depois Salomon Brothers me entregava um cheque de centenas de milhares de dólares para dar conselhos sobre derivativos a investidores profissionais.[3]

Com base em sua experiência no *Salomon*, Lewis publicou, em 1989, seu *best-seller* descrevendo como uma nova onda de manobras financeiras estava transformando o mundo:

> O livro que escrevi se chamou *O jogo da mentira*. Vendeu um milhão de cópias. Eu tinha 28 anos. Eu tinha uma carreira, um pouco de fama, uma pequena fortuna e uma nova narrativa de vida. De repente as pessoas me diziam que eu nasci para ser escritor. Era absurdo. Até eu podia ver que existia outra narrativa, mais verdadeira, com a sorte como tema. Quais as chances deu estar sentado naquele jantar ao lado da esposa de um *Salomon Brothers*? De aterrissar em uma das melhores firmas de *Wall Street* de onde eu escreveria a história de uma era? De ter pais que não me deserdariam, somente suspiraram e disseram "faça, se você realmente precisa."? De ter tido a necessidade instalada em mim por um professor de História da Arte em Princeton? De ter, em primeiro lugar, entrado em Princeton?

Isso não é falsa modéstia. É falsa modéstia com um propósito. Meu caso ilustra como o sucesso é sempre racionalizado. As pessoas realmente não gostam de ouvir o sucesso sendo explicado como sorte – principalmente pessoas bem-sucedidas. Ao passo que elas envelhecem e se dão bem, as pessoas sentem que seu sucesso era, de alguma forma, inevitável. Elas não querem reconhecer o papel que o acaso configura em suas vidas.

O colunista do *New York Times*, Nicholas Kristof, tem frequentemente ressonado um tema parecido:

> Uma ilusão comum entre as pessoas americanas bem-sucedidas é a de que elas triunfaram somente por causa de seu trabalho duro e sua inteligência.

Na verdade, sua grande chance veio quando elas foram concebidas em famílias americanas de classe média que as amavam, liam para elas e as criaram com esportes, cartões de bibliotecas e aulas de música. Elas foram programadas para o sucesso do momento em que elas eram zigotos.[4]

O lado obscuro dessa ilusão, como aponta Kristof, é que as pessoas alheias as suas próprias vantagens geralmente são igualmente alheias as desvantagens das outras pessoas:

> O resultado é a maldade no mundo político ou, na melhor das hipóteses, uma falta de empatia com aqueles que estão lutando – parcialmente explicando a hostilidade em se expandir os seguros de saúde, com os benefícios a longo prazo para os desempregados, ou em se aumentar o salário mínimo para acompanhar a inflação.

Kristof reconta a história de vida de Rick Goff, um amigo de sua terra natal em Oregon. Logo após a morte da mãe, quando ele tinha cinco anos, seu pai abandonou ele e seus três irmãos para se virarem sozinhos. As pessoas que conheciam Goff o descrevem como um amigo leal. Ele também era tido como uma mente maravilhosa, mas se dava mal na escola por causa de um déficit de atenção não diagnosticado. Ele largou a escola antes de terminar a décima série e então foi trabalhar em serrarias e oficinas mecânicas antes de vir a se tornar um talentoso pintor de carros personalizados. Mas depois de ferir sua mão seriamente em um acidente, ele continuou sobrevivendo com uma pensão do governo e trabalhos aleatórios. Sua morte prematura veio aos 65 anos, em julho de 2015, ocasionada por não poder custear um medicamento que lhe era crucial, pois tinha gasto 600 dólares para ajudar sua ex-esposa em uma emergência financeira.

E Kristof conclui:

> Alguns acham que o sucesso é somente sobre "escolhas" e "responsabilidade pessoal". Sim, estas são reais, mas é muito mais complicado que isso.
>
> "Crianças ricas fazem várias péssimas escolhas", [o sociologista de Stanford, Sean] Reardon aponta. "Elas só não vêm com a mesma sorte de consequências".[5]

Michael Lewis concluiu seu discurso em Princeton descrevendo um experimento conduzido por psicólogos da Universidade da Califórnia, em Berkeley.[6] Os pesquisadores enviaram os voluntários a pequenas salas em grupos de três e do mesmo sexo, dando-os um problema moral complexo para resolverem, como o que fazer sobre um caso onde se trapaceou em um teste. De forma arbitrária, eles designaram um membro de cada grupo como o líder. Após 30 minutos do início da discussão, um pesquisador entrou na sala com um prato e quatro biscoitos para os três voluntários.

Quem comeu o biscoito extra? Em todos os casos foi o líder do grupo, mesmo que, como Lewis aponta, "ele não tivesse nenhuma qualidade especial. Ele tinha sido escolhido de forma aleatória 30 minutos antes. Seu *status* não era nada além de sorte. Mas ainda assim o deixou com a crença de que o biscoito deveria ser dele".

Lewis esboça a moral do experimento para os graduandos de Princeton:

De uma forma geral, vocês foram designados como líderes do grupo. Essa designação pode não ser totalmente arbitrária. Mas vocês devem perceber o aspecto arbitrário: vocês são dos poucos sortudos. Sortudos pelos seus pais, sortudos pelo seu país, sortudos que um lugar como Princeton existe e pode receber pessoas sortudas, apresentá-las a outras pessoas sortudas e aumentar suas chances de se tornarem ainda mais sortudas. Sortudos por viverem em uma das sociedades mais ricas que o mundo já viu, em um momento onde ninguém espera que vocês sacrifiquem seus interesses por coisa alguma.

Todos vocês se depararam com o biscoito extra. Todos vocês vão se deparar com muitos outros. Com o tempo, vocês vão achar que merecem o biscoito extra. E até onde eu saiba, até podem merecer. Mas vocês serão mais felizes e o mundo estará melhor se vocês, pelo menos, fingirem que não merecem.

É claro que existe várias pessoas que rapidamente reconhecem a contribuição da sorte para o seu sucesso. Essas pessoas estão muito mais propensas a apoiar os investimentos públicos que criaram e mantiveram o ambiente que fez seu próprio sucesso possível. Elas também são substancialmente mais felizes que as outras, como Lewis previu.

E o puro fato delas serem gratas, por si só, parece guiá-las para uma prosperidade material adicional.

As alegações que vou defender nas páginas por vir são ambiciosas – que pessoas bem-sucedidas tendem a diminuir o papel da sorte em seu sucesso, fazendo com que elas sejam relutantes em apoiar os tipos de investimentos públicos os quais sem eles todos se tornam menos propensos a obterem sucesso; e que uma mudança relativamente simples e não invasiva nas políticas públicas poderia liberar fontes mais do que suficiente para compensar esse déficit no investimento.

Meus argumentos em apoio a estas alegações possuem poucas partes emotivas e nenhuma das premissas nas quais elas se inserem são controversas. Os revisores de Princeton ofereceram inúmeras sugestões para tópicos adicionais que eu poderia comentar, muitos deles interessantes. Mas já que nenhum foi essencial para meus argumentos, eu resisti às sugestões. Meu propósito, desde o início, era produzir um livro que não iria demandar mais do que o necessário do seu tempo, e este que você tem em mãos é misericordiosamente curto. Minha mais profunda esperança é a de que, se meus argumentos ressoarem em você, você vai querer discuti-los com outras pessoas.

AGRADECIMENTOS

Muitas pessoas ofereceram conselhos úteis e palavras de encorajamento desde que comecei a pensar sobre este projeto há alguns anos. Eu, especialmente, quero agradecer minha esposa, Ellen McCollister, cujos serviços como membro da Câmara Municipal de Ithaca tem lembrado, de forma vigorosa, a mim e a outros em nossa comunidade, que um bom governo é possível. Diferente dos meus colegas da Economia, eu quase não gastei tempo tentando provar teoremas matemáticos e passei um bocado de tempo pensando nas experiências de pessoas reais. Não menos importante, dentre as atrações no uso do meu tempo, foi a oportunidade que tive de discutir alguns problemas com Ellen e me beneficiar de sua rica visão sobre a psicologia humana.

Outros, muitos para sem mencionados, também têm sido enormemente prestativos. Com desculpas àqueles que negligenciei e não mencionei de forma explícita, gostaria de expressar minha mais sincera gratidão a Peter Bloom, Summer Brown, Bruce Buchanan, os participantes do seminário da UCA, Philip Cook, Richard Dawkins, David DeSteno, Nick Epley, Alissa Fishbane, Chris Frank, David Frank, Hayden Frank, Jason Frank, Srinagesh Gavernini, Tom Gilovich, Piper Goodeve, Janet Greenfield, Jon Haidt, Ori Heffetz, Yuezhou Hou, Graham Kerslick, Kathi Mestayer, Dave Nussbaum, participantes do seminário Paduano da NYU, Sam Pizzigati, Dennis Regan, participantes do seminário da fundação Russel Sage, Kirsten Saracini, Eric Shoenberg, Barry Schwartz, Larry Seidman, Amit Singh, Rory Sutherland, David Sloan Wilson, Andrew Wylie e Caitlin Zaloom por seus conselhos e encorajamento. Eles, claro, não são responsáveis por quaisquer erros. Também sou grato a Honor Jones e Kathleen Kageff pela talentosa assistência editorial. E, finalmente, agradeço a Peter Dougherty e Seth Ditchik da Princeton University Press pelo apoio entusiasta e, acima de tudo, pela fé contínua de que livros ainda são importantes.

1 ♠

ESCREVA SOBRE O QUE SABE

Escritores sempre ouvem "escreva sobre o que você sabe", e esse é um dos motivos pelos quais comecei a escrever sobre sorte há vários anos. Me interessei pelo assunto, em parte, pois acontecimentos inesperados se mostravam presentes de forma proeminente em minha vida.

Talvez o exemplo mais extremo tenha ocorrido em uma manhã fria de sábado, em novembro de 2007, quando eu estava jogando tênis em uma quadra coberta com um amigo de longa data e também colaborador, Tom Gilovich, psicólogo de Cornell. Mais tarde ele me contou que, enquanto estávamos entre um jogo e outro durante o segundo *set*, eu disse que me sentia enjoado. Quando ele menos esperava, eu estava caído, sem me mexer, no chão da quadra.

Quando se ajoelhou ao meu lado para investigar, ele descobriu que eu não estava respirando e nem tinha pulso. Ele gritou para que alguém ligasse para a emergência, me virou de frente e começou a bater em meu peito – algo que ele já havia visto diversas vezes em filmes, mas nunca fora treinado para fazer. Ele disse que depois do que pareceu uma eternidade, ele conseguiu me fazer tossir. Logo após, uma ambulância apareceu.

Já que as ambulâncias são enviadas do outro lado da cidade, mais de 8km de distância, como essa chegou tão rápido?

Por acaso, mais ou menos meia hora antes deu desmaiar, duas ambulâncias foram enviadas para dois acidentes de trânsito distintos que ocorreram próximo à quadra de tênis. Já que os ferimentos de um deles não foram tão sérios, um dos motoristas foi capaz de sair em disparada e percorrer algumas centenas de metros até mim. Os paramédicos me colocaram numa maca e me levaram o mais rápido possível ao hospital local. Lá, fui colocado em um helicóptero e levado para um hospital maior, na Pensilvânia, onde me colocaram no gelo durante a noite.

Mais tarde, os médicos me contaram que eu havia sofrido uma parada cardíaca. Disseram que 98% dos que vivenciam esse tipo de episódio não sobrevivem, e que a maioria dos que sobrevivem carregam sequelas cognitivas e outros danos. E por três dias após o acontecimento, minha família me disse que eu falei coisas sem sentido sem parar enquanto estava na cama do hospital. No entanto, no quarto dia eu recebi alta com os pensamentos em ordem. Duas semanas mais tarde, após ter passado pelo primeiro ecocardiograma sob estresse que meus médicos marcaram, eu estava jogando tênis com Tom novamente.

Se uma ambulância extra não estivesse, por acaso, tão próxima, eu não teria sobrevivido. Alguns amigos sugerem que eu fui beneficiado por uma intervenção divina, e não tenho problemas com pessoas que veem as coisas dessa forma. Mas essa visão nunca me deixou confortável. Acredito que estou vivo hoje por pura sorte.

Nem todos os acontecimentos inesperados possuem desfechos favoráveis, claro. Mike Edwards não está mais vivo simplesmente porque a sorte não quis. Ele era o violoncelista no grupo original que formou a *Eletric Light Orchestra*, a banda pop britânica. Ele dirigia por uma estrada rural na Inglaterra, em 2010, quando um fardo de feno de mais de quinhentos quilos rolou por uma encosta íngreme e acabou em cima de sua van, o esmagando até a morte. Ele não havia desobedecido lei alguma naquele dia. Até onde sei, ele era bem quisto, decente e pacífico. A vida dele ter sido tomada por um fardo de feno errante foi somente pura e simplesmente má sorte.

A maioria das pessoas não veem problema algum em abraçar a crença de que fui sortudo por ter sobrevivido e Edwards azarado por ter morrido. Mas em outras situações, o acaso acontece de formas mais sutis, fazendo com que essas mesmas pessoas resistam a explicações que envolvam sorte. Especificamente, muitas se mostram desconfortáveis com a possibilidade de que o sucesso no mercado depende de uma parcela significativa de sorte.

Há alguns anos, escrevi uma coluna em um jornal descrevendo como acontecimentos inesperados, aparentemente pequenos, aparecem de forma muita mais proeminente nas trajetórias da vida do que as pessoas imaginam.[1] Foi o primeiro de uma série de artigos que escrevi que evoluíram gradualmente para este livro. Fiquei surpreso com a intensidade de comentários negativos que a coluna gerou, na maioria por pessoas que insistiam que o sucesso pode ser explicado, em boa parte, por talento e esforço. Essas qualidades são, de fato, muito importantes. Porém, as disputas que repartem os maiores prêmios na nossa sociedade são tão amargamente competitivas que somente talento e esforço raramente vão assegurar uma vitória. Em quase todos os casos, uma medida substancial de sorte é também necessária.

Poucos dias após a coluna ter surgido, fui convidado para aparecer em um programa de notícias sobre negócios da Fox, apresentado por Stuart Varney, um homem profundamente cético quanto à importância de se ter sorte. Sempre otimista, concordei, na esperança que ele e seu público encontrassem algo a se pensar nas evidências que eu descreveria.

Errado. Do começo ao fim, durante todo o segmento, Varney ficou na defensiva.[2] "Professor, só um minuto, você sabe o quão insultante foi ler aquilo? Eu vim para a América com nada há 35 anos. Me tornei o que sou hoje, acredito, com nada além de talento, trabalho duro e assumindo riscos. E você vai escrever no *New York Times* que isso é sorte?".

Eu tentei explicar que aquela não havia sido minha mensagem, que eu havia escrito que, embora o sucesso seja extremamente difícil de se atingir sem talento e trabalho duro, existem, no entanto, várias pessoas talentosas que trabalham duro e nunca conseguiram qualquer sucesso significativamente palpável. Mas a raiva de Varney persistiu. Com saliva no canto da boca ele vociferou, "Você está dizendo que o sonho americano não é, de fato, o sonho americano, que ele não existe!". Tentei explicar que não estava dizendo aquilo.

Varney: "Sou sortudo por ser quem eu sou e onde estou?"

Eu: "Sim! E eu também!"

Varney: "Isso é ultrajante! Você sabe dos riscos envolvidos em vir para a América com absolutamente nada? Você sabe do risco envolvido em tentar trabalhar para uma grande emissora americana com um sotaque britânico? Um completo estrangeiro? Você sabe quais os riscos implícitos nesse nível de sucesso?".

E assim ele prosseguiu, por mais de seis excruciantes minutos. Foi somente no táxi, deixando o estúdio, que percebi todas as tréplicas que poderia ter oferecido. Varney veio para a América com nada? Absurdo! Eu havia lido na noite anterior que ele possuía um diploma da *London School of Economics*, o que sempre foi uma ótima credencial no mercado de trabalho americano.

Prejudicado pelo sotaque britânico? Por favor! Americanos *amam* o sotaque britânico! O geólogo britânico Frank H. T. Rhodes se tornou presidente da Universidade de Cornell pouco depois que comecei a lecionar lá, nos anos 70. Um amigo uma vez me disse que o sotaque de Rhodes, de Oxbridge, estava muito mais carregado durante seus últimos anos em Cornell do que quando ele chegou nos Estados Unidos décadas antes. Alguns outros sotaques são socialmente desvantajosos, claro, e linguistas descobriram que estes tendem a diminuir com o tempo. Mas não o sotaque britânico.

Varney se arriscou! Se eu não tivesse percebido isso por conta própria durante minha viagem de carro saindo do estúdio, o peso dessa afirmação chegaria até mim através dos diversos *e-mails* que recebi de amigos mais tarde naquele dia. Se arriscar significa que um resultado bem-sucedido não é certo. Então, se Varney se arriscou e foi bem-sucedido, por definição, ele teve sorte! Pena que não tive a perspicácia de apontar esse fato durante a nossa conversa no ar.

Sempre desejei ter a presença de espírito que os protagonistas demonstravam nos romances de Elmore Leonard, meu escritor de ficção favorito. Logo após sua morte, em 2013, Terry Gross, da Rede de Rádio Pública dos Estados Unidos (NPR), levou ao ar partes de duas entrevistas recentes com ele.[3] Em um dado momento, ela menciona a habilidade verbal sinistra de um de seus personagens. Na vida real, ela perguntou, você consegue se igualar aos seus personagens e devolver respostas tão espertas?

Ele respondeu: "Oh não... nunca...". É diferente na escrita, ele explicou: "... você termina a cena com uma frase, a frase perfeita... você tem meses para pensar sobre isso".

Gross o pressionou, querendo saber se ele ponderava sobre suas conversas depois do acontecido, tentando pensar em respostas inteligentes que ele queria ter pensado antes. E sem perder um segundo, Leonard a respondeu:

"Bom, na vida real eu estou sentando em um banco em Aspen, são quatro horas da tarde, estou morto de cansado, acabei de descer a montanha e uma mulher vem esquiando, ela é 25, 30 anos mais nova que eu, coloca uma das botas no banco e diz, 'Não sei o que é mais gratificante, tirar minhas botas ou...' e então ela falou uma expressão usada quando se quer dormir com alguém."

Gross: "E você disse...?"

Leonard: "E eu disse: 'an'... 'é'... 'hmm'... e isso foi há quinze anos", acrescentando que ele tem tentado, desde aquele dia, sem sucesso, pensar em uma resposta decente, quiçá uma resposta esperta.

É difícil pensar em uma resposta mais perfeita para a indagação de Gross. Eles ensaiaram essa conversa? Não pareceu e, se realmente não o foi, isso sugere que Leonard era realmente bom com pensamentos rápidos. É um talento que frequentemente me falta. Na maioria das vezes, como em minha conversa com Stuart Varney, o preço foi apenas um embaraço passageiro. Mas, eventualmente, tem sido doloroso, e em uma ocasião tive sorte de escapar com vida.

Eu estava praticando *windsurf* no lago Cayuga numa tarde tempestuosa, com ventos oscilando entre a calmaria e chegando a 60km por hora. Para facilitar segurar o mastro e surfar em pé no vento forte, muitos windsurfistas usam um arreio, o que é apenas um colete salva--vidas com um gancho na frente, que se prende a uma corda amarrada à retranca (esse acessório deixa que o corpo do windsurfista faça todo o trabalho, deixando as mãos e os braços descansarem). Após uma curta calmaria, uma ventania especialmente forte soprou, me jogando por cima da retranca e da vela. Quando percebi, eu estava submerso embaixo da vela, atordoado, mas ainda consciente. Enquanto minha mente clareava, meu primeiro impulso foi de soltar o gancho da corda para que eu pudesse nadar e sair debaixo da vela. Mas como eu tinha rodopiado várias vezes antes de cair na água, a corda estava muito apertada envolta ao gancho para que eu pudesse me soltar.

Então parti para o plano B, que era empurrar a vela com força para cima, esperando criar algum espaço entre ela e a superfície do lago. Sem sucesso com isso também, então tentei soltar o gancho mais uma vez. Novamente, sem sucesso.

Em pânico e desesperado por ar a essa hora, tentei mais uma vez levantar a vela, depois tentei mais uma vez soltar o gancho. Mais uma vez, fracasso. Quase sem esperanças, tentei a vela mais uma vez. Este último esforço produziu um glorioso barulho enquanto o ar se espalhava por baixo dela. Fui à superfície e respirei profundamente por um tempo.

Quando me acalmei, percebi o que deveria ter feito desde o início: não era necessário soltar o gancho da corda. Simplesmente abrindo o zíper e removendo meu colete eu poderia ter nadado para longe da vela. Claro que isso foi o que eu fiz. Mas não sem antes quase me afogar. Sobrevivência é às vezes apenas uma questão de pura sorte, e eu claramente me beneficiei dela naquele dia.

Stuart Varney e muitos outros insistem que as pessoas que acumulam grandes fortunas são invariavelmente talentosas, esforçadas e socialmente produtivas. Isso é um exagero – pense em *boy bands* que dublam, ou negociantes derivativos que ficaram grandiosamente ricos antes de deixarem a economia mundial de joelhos. Ainda assim, é claro que a maioria dos grandes vencedores no mercado são extremamente talentosos e esforçados. Nesse ponto, Varney está amplamente correto.

Mas, e quanto às pessoas talentosas e esforçadas que nunca alcançam o sucesso material? Eu geralmente penso sobre Birkhaman Rai, um jovem membro de uma tribo de Bhutan que foi meu cozinheiro há alguns anos, quando fui voluntário no Corpo da Paz em uma pequena vila no Nepal. Até hoje, ele continua sendo a pessoa mais empreendedora e talentosa que já conheci. Ele conseguia fazer um teto de sapê e consertar um despertador. Um cozinheiro talentoso, ele também conseguia pôr solas novas em sapatos. Ele conseguia rebocar uma parede depois de ele mesmo ter preparado o reboco com esterco de vaca, lama e outros ingredientes gratuitos. Ele conseguia esfolar um bode. Ele conseguia barganhar duramente com os comerciantes locais sem afastá-los.

Embora nunca tivesse aprendido a ler e escrever, não havia uma tarefa prática naquele ambiente que ele não conseguisse fazer em alto padrão. Mesmo assim, o escasso salário que eu podia lhe pagar foi certamente o ponto alto da sua trajetória de lucros. Se ele tivesse nascido nos Estados Unidos ou em qualquer outro país rico, ele teria prosperado bem mais, talvez até espetacularmente bem-sucedido. Como o economista Branko Milanovic estimou de forma grosseira, metade da variação das rendas entre pessoas no mundo é explicada por dois fatores: país onde reside e distribuição de renda daquele país.[4] É como Napoleão Bonaparte uma vez apontou, "habilidade não vale muito sem oportunidade".

Mas se talento e esforço não lhe garantem sucesso material, eu espero que possamos concordar que o sucesso está mais para pessoas com talentos que são altamente estimados por outras, e também para aqueles com a habilidade e a predisposição para focar e trabalhar de forma incansável. Mas de onde essas qualidades pessoais vêm? Não sabemos precisar, a não ser dizer que elas nascem de uma combinação de genes e o meio em que se vive (apesar de trabalhos recentes de biólogos sugerirem que também haja importantes influências aleatórias).[5]

Em uma proporção desconhecida, genética e fatores ambientais explicam de forma ampla se alguém levanta pela manhã se sentindo ávido para começar a trabalhar. Se você é uma dessas pessoas, o que na maioria do tempo eu não sou, você é sortudo. Da mesma forma, seus genes e o meio em que vive amplamente determinam o quão inteligente você é. Se você é inteligente, é mais provável que você se dê bem em tarefas que são altamente recompensadas pela sociedade, então nisso, também, você é sortudo. Como o economista Alan Krueger apontou, a correlação entre a renda dos pais e a renda de seus filhos nos Estados Unidos é uma alta de 0.5 – quase a mesma correlação entre a altura dos pais e a de seus filhos.[6] Então, se você quer ser inteligente e energético, o passo mais importante que você tem que tomar é escolher os pais corretos. Mas se você tem essas qualidades, com base em qual teoria faria sentido você reivindicar crédito moral por elas? Você não escolheu seus pais, nem teve controle sobre o ambiente onde você foi criado. Você foi simplesmente sortudo.

Muitas pessoas não gostam de trabalhar muito e também são dotados de poucas habilidades cognitivas e outros traços que são altamente valiosos no mercado. No ambiente competitivo em que vivemos, essas pessoas são desafortunadas.

Em suma, mesmo que talento e esforço sozinhos fossem o bastante para garantir um sucesso material – o que não são – a sorte continuaria a ser uma parte essencial da história. Pessoas com muitos talentos e com tendência a serem esforçadas são extremamente afortunadas.

Mas o meu foco aqui não é analisar o papel da sorte para explicar as diferenças em atributos pessoais. Ao invés disso, eu quero descrever o que os pesquisadores têm descoberto nos últimos anos sobre a influência de eventos externos e fatores ambientais em desfechos importantes e isolados – influências que ocorrem independente das virtudes ou defeitos de uma pessoa.

Ter trapaceado a morte em pelo menos duas ocasiões não me torna, por si só, uma autoridade em sorte. Mas instalou em mim um interesse forte no assunto e me estimulou a aprender muito mais sobre isso do que eu normalmente saberia. Minhas experiências pessoais com o acaso no mercado de trabalho também me impulsionaram a aprender mais sobre como tais eventos moldam a trajetória das carreiras.

A influência de até mesmo eventos minúsculos e aleatórios são geralmente profundos. A *Mona Lisa* é especial? A Kim Kardashian também? Ambas são famosas, mas às vezes as coisas são famosas apenas por serem. Apesar de geralmente tentarmos explicar seu sucesso esmiuçando suas qualidades objetivas, elas na verdade geralmente não são mais especiais do que muitas de suas contrapartes menos famosas.

À frente eu irei descrever como o sucesso frequentemente resulta de *feedback* positivo, que amplifica pequenas variações iniciais em grandes diferenças no resultado final. Também descreverei vários casos individuais ilustrando como até mesmo as estórias de sucesso mais espetaculares poderiam ter se desdobrado de forma muito diferente.

Eventos fortuitos sempre foram importantes, claro, mas em alguns casos eles têm se tornado mais importantes nas últimas décadas. Um motivo para isso tem sido a propagação e a intensificação do que o economista Philip Cook e eu chamamos de mercados do tudo ou nada.[7] Esses mercados geralmente ascendem quando a tecnologia permite que as pessoas mais bem-dotadas em uma arena consigam estender seu alcance. A assessoria fiscal, por exemplo, uma vez foi um empreendimento quintessencial. Os melhores contadores em uma cidade serviam aos maiores clientes, o segundo melhor servia o segundo maior e assim por diante. Mas o desenvolvimento de *softwares* práticos transformou esse mercado em um onde o profissional mais capaz consegue atender a quase todos.

Programas de impostos brigaram por supremacia no início. Mas uma vez que os usuários chegaram a um consenso de qual era o melhor, os programas rivais se tornaram redundantes, pois era possível reproduzir cópias dos melhores programas a um custo quase nulo. No fim das contas, o *Turbo Tax*, da Intuit, capturou quase todo o mercado. Seus desenvolvedores lucraram bastante, e mesmo aqueles que tinham programas tão bons quanto estavam sendo forçados a sair do negócio. Em tais mercados, a diferença de qualidade entre o melhor e o segundo melhor são quase imperceptíveis, mas a diferença correspondente em remuneração pode ser enorme.

A tecnologia vem criando mercados tudo ou nada em outros nichos, incluindo advocacia, medicina, esportes, jornalismo, varejo, produção e até na academia. Nessas e em muitas outras áreas, novos métodos de produção e comunicação têm ampliado o efeito de acontecimentos fortuitos, ampliando enormemente a diferença entre os vencedores e os perdedores. Uma coisa é dizer que uma pessoa que trabalha 1% a mais que as outras ou é 1% mais talentosa, merece 1% a mais de renda. Mas a importância do acaso se assoma muito mais quando uma diferença tão pequena na performance se traduz em uma diferença de mil vezes em ganhos.

A propagação destes tipos de mercado tem amplificado a importância do acaso de uma segunda forma. Em quase todos os casos, as enormes recompensas que advêm de poucos vencedores nesses mercados atraem um grande número de concorrentes. E quanto mais concorrentes existem, mais a sorte é importante.

Considere um concurso completamente meritocrático, no sentido de ser baseado somente na performance objetiva, e suponha que 98% da performance de cada candidato é calculada por seu talento e esforço, somente 2% é sorte. Dada essas medidas, é claro que ninguém conseguiria ganhar sem ser altamente talentoso e esforçado. Mas, talvez, seria menos óbvio que o vencedor também fosse um dos mais sortudos entre os candidatos. A sorte é importante em concursos desse tipo porque vencer demanda que quase tudo ocorra da forma correta. Inevitavelmente haverá muitos candidatos próximos ao topo na escala de talento e esforço, e pelo menos alguns estão sujeitos a terem tido sorte também. Então, até mesmo quando a sorte tem apenas uma pequena influência na performance, os candidatos mais talentosos e esforçados serão geralmente ultrapassados por um rival que é quase tão talentoso e esforçado quanto eles, mas também consideravelmente sortudo. Como veremos, se nós simulássemos o resultado desse concurso em específico mil vezes, somente uma minoria de vencedores teria níveis, combinando habilidades e esforço, mais alto do que os outros candidatos.

Por que tantos de nós rebaixamos a sorte mesmo com tantas evidências de sua importância? Essa tendência se deve em parte ao fato de que, ao enfatizar talento e esforço e excluir todos os outros fatores, as pessoas bem-sucedidas reforçam seu direito ao dinheiro que ganharam. Mas também considerarei uma segunda possibilidade, que é a de que negar a importância da sorte pode, na verdade, ajudar as pessoas a ultrapassarem os muitos obstáculos que atrapalham quase todos os caminhos para o sucesso.

Talvez o obstáculo mais importante é que a maioria de nós tem dificuldade em reunir esforços quando o prêmio do resultado é incerto ou adiado. Histórias que enfatizam a importância da sorte chamam atenção para o fato de que nem mesmo os esforços atuais mais diligentes podem garantir um futuro sucesso, e isso pode encorajar algumas pessoas a se sentar e esperar que aconteça o melhor.

Outro equívoco interessante da natureza humana sugere uma segunda opção, onde falsas crenças podem ajudar as pessoas a reunir esforços. Pesquisas revelam que mais da metade de nós acredita que somos parte do grupo que está no topo na distribuição de qualquer talento, implicando que temos um otimismo irreal quanto as nossas chances de ganhar qualquer concurso que participemos. Crenças mais realistas poderiam desencorajar o esforço, levando muitos a acreditar que suas chances de obterem sucesso são menores do que esperavam.

Em suma, pessoas que acreditam que o sucesso depende somente de seu talento e esforço e possuem um senso exagerado do quão talentosas elas são, podem achar mais fácil reunir o esforço necessário para o sucesso. Se sim, essas falsas crenças podem ser perversamente adaptáveis.

Mas diminuir a importância de forças externas nas histórias de sucesso individuais também pode ter custos significativos. Pode, por exemplo, encorajar pessoas a competir em áreas onde elas não têm probabilidade real de serem bem-sucedidas. E o mais preocupante, isso também parece fazer com que pessoas bem-sucedidas sejam mais relutantes em financiar os investimentos necessários para sustentar os meios que apoiam o sucesso material.

Como Warren Buffett disse uma vez, "Alguém está sentado na sombra hoje porque alguém plantou uma árvore há muito tempo". Seguindo o pensamento de Buffet, a senadora de Massachusetts, Elizabeth Warren, lembrou da audiência durante sua campanha em 2012 de que os americanos são verdadeiramente afortunados de terem nascido em um país rico, com um desenvolvimento legal, educacional e outras infraestruturas. Como ela coloca,

> Não há ninguém nesse país que tenha ficado rico por conta própria. Você constrói uma fábrica por aí, ótimo... Você levou seus produtos para vender nas estradas que nós pagamos. Você contratou funcionários que nós pagamos para serem educados. Você estava seguro

em sua fábrica por causa dos policiais e dos bombeiros que o resto de nós paga... Você construiu uma fábrica e acabou sendo uma ótima ideia, Deus o abençoe – fique com um grande pedaço dela. Mas parte do contrato social subjacente é que você participe e retribua para o próximo jovem que está por vir.[8]

O vídeo no YouTube da fala dela naquele dia viralizou rapidamente, com vários comentaristas amargos denunciando seu fracasso em reconhecer que muitos empresários bem-sucedidos se fizeram sozinhos.

Fazendo uma reflexão, no entanto, é difícil argumentar as alegações da senadora Warren de que ter nascido em um bom ambiente é uma enorme sorte.[9] E mais importante, é a única forma de bom fortúnio sobre a qual as sociedades possuem o mínimo de controle.

Mas esse controle requer altos níveis de investimento, para o que muitas sociedades têm se mostrado relutantes em apoiar ultimamente.

Propostas para aumentar o investimento público têm entrado por um ouvido e saído pelo outro atualmente, pois as pessoas não veem uma forma política realista de como angariar a verba necessária. Mas conseguir a verba que precisamos pode ser bem mais fácil do que as pessoas imaginam. Minha maior motivação para escrever esse livro foi, na verdade, a minha crença de que não tiramos vantagem do que eu chamo de a mãe de todos os golpes de sorte possíveis: adotando uma simples mudança na nossa política de impostos, nós poderíamos alterar nossos padrões de gastos de forma a eliminar vários trilhões de dólares em desperdício a cada ano. Um melhor entendimento da conexão entre sucesso e sorte nos ajudaria a aproveitar essa oportunidade.

O fato de tal oportunidade continuar a existir é uma consequência direta do nosso fracasso em apreciar o quão profundamente nossas escolhas são moldadas por um sistema de referência. O quão grande, por exemplo, uma casa deveria ser? Quanto um casamento deveria custar? Teorias econômicas ortodoxas assumem, de forma errônea, que nossas repostas são livres de contexto. No entanto, toda a evidência disponível indica que as pessoas acham impossível sequer pensar sobre tais questões sem um sistema de referência.

Alguns cientistas comportamentais negariam que o meio em que vivemos molda o que achamos que precisamos. Mas as implicações intensas desse simples fato têm escapado a atenção de economistas e não têm sido completamente entendidas por cientistas comportamentais em outras disciplinas. Se estas implicações estão mais claras para mim, é somente porque ter vivido dois anos em um dos países mais pobres do mundo me levou a focar intensamente nestes "efeitos do sistema" durante as décadas que se passaram.

Me atendo ao meu tema "escreva sobre o que sabe", a lição mais surpreendente da minha experiência no Nepal foi que, apesar do extremamente baixo padrão de vida lá, minha experiência do dia a dia foi espantosamente igual ao que eu já estava acostumado. Quando escrevo, por exemplo, que a mesma casa de dois quartos, sem encanamento ou eletricidade, foi completamente satisfatória para mim lá seria vergonhosamente inadequada para qualquer bairro de classe média americano, eu estou simplesmente escrevendo sobre o que eu sei.

Não pretendo romantizar a pobreza. Muitas coisas boas acontecem quando a renda de um país aumenta, dentre elas o fato de que os filhos das pessoas têm menos chances de morrerem antes de atingirem a vida adulta. Ar e águas são mais limpos, as escolas melhoram, as estradas ficam mais seguras. Meu ponto é que os padrões que definem o "adequado" em muitos campos são altamente variáveis. Quando todos gastam menos, esses padrões se ajustam de acordo.

Os americanos abastados têm construído mansões maiores somente por terem recebido a maioria da renda adquirida pelo país. No entanto, não há evidências de que, após um certo ponto, casas maiores fazem as pessoas mais felizes. Uma vez que as casas alcançam um certo tamanho, qualquer coisa além vai meramente mudar o sistema de referência que define o que é adequado. Da mesma forma, o fato de que um casamento americano, em média, custa agora mais de $30.000,[10] quase o triplo do que custava em 1980, não parece fazer os casais de hoje mais felizes. De acordo com um estudo recente, pelo contrário, faz com que eles estejam mais dispostos a se divorciarem.[11] Os economistas, Andrew Francis e Hugo Mialon, estimaram, por exemplo, que casais que gastam mais de $20.000 em seus casamentos eram 12% mais propensos a se divorciar em qualquer ano de casamento do que os que gastaram entre $5.000 e $10.000.

Os efeitos desse sistema têm criado um poderoso viés a favor do consumo privado em detrimento do investimento público. A ideia básica é capturada em um simples exemplo usando carros e estradas.

Todo mundo concorda que carros não teriam utilidade sem as estradas e as estradas não teria utilidade sem os carros. O mais difícil é identificar a melhor combinação entre as duas categorias. No entanto, é muito fácil perceber que a combinação atual, nos Estados Unidos, está longe de ser a mais efetiva, pelo menos da perspectiva dos motoristas ricos. Considere esse experimento de reflexão:

Qual experiência um entusiasta de carros, rico, iria preferir? Dirigir um Porshe 911 Turbo (cujo valor é $150.000) em uma estrada bem cuidada, lisa ou dirigir uma Ferrari F12 Berlinetta (cujo valor é $333.000) em estradas esburacadas?

É uma pergunta simples. Embora alguns fãs de carros possam se equivocar, eu diria que a Ferrari seria julgada como o melhor carro, caso ambos pudessem ser dirigidos em estradas em boas condições.

Porsche 911 Turbo, $150,000.   Ferrari F12 Berlinetta, $333,000.

Mas não seria muito melhor, já que o Porshe de $150.000 já possui muitas características em seu *design* que afetam a performance de forma significativa. A lei do economista de reduzir retorno opera aqui de forma vingativa. Depois de um certo ponto, isso nos lembra que o custo para se atingir melhorias adicionais em qualidade aumenta e muito. Então, se a Ferrari tem uma vantagem, essa é bem pequena. Mas como qualquer pessoa poderia argumentar, de forma séria, que seria mais agradável dirigir uma Ferrari em uma estrada cheia de buracos do que dirigir um Porsche em uma estrada bem cuidada?

Ainda assim, dentre os muito ricos, a atual combinação entre carros e estradas no Estados Unidos está mais próxima a Ferrari nas estradas esburacadas do que os Porsches no asfalto perfeito. Isso é intrigante, já que a última opção poderia ser alcançada a um custo muito menor.

Essa distorção ocorre porque o que acontece quando somente uma pessoa gasta menos em um carro é muito diferente do que quando todos gastam menos. No primeiro exemplo, o comprador se sente privado. Mas quando todos gastam menos, o sistema de referência muda, fazendo com que todos os motoristas se sintam satisfeitos como antes.

Paradoxalmente, então, muitas sociedades são sortudas justamente porque seus atuais padrões de consumo são dispendiosos. Desperdiçar é ter sorte, porque a mera existência do desperdício implica em oportunidades para fazer com que todos estejam bem de vida.

Em termos econômicos, uma situação é dispendiosa se fosse possível reorganizar as coisas para que algumas pessoas pudessem atingir seus objetivos sem que mais ninguém tivesse que se contentar com menos. Como qualquer pessoa racional poderia se opor a algo assim?

A princípio, pelo menos, não deveria existir um objetivo político mais fácil de ser atingido do que concordar com propostas que eliminariam o desperdício. Este é um ponto simples, de fato, no entanto, a ideia central por trás de tudo aparentemente não é completamente entendida. Economistas frequentemente usam a expressão "torta econômica" para descrever o valor total de todas as fontes disponíveis para se atingir seus objetivos, então qualquer passo para reduzir gastos aumentaria a torta econômica.

E a geometria básica nos diz que, quando uma torta aumenta, é possível dividi-la de forma que cada pessoa receba um pedaço maior do que receberia antes. Mas isso é apenas outra forma de se dizer que eliminar gastos pode sempre fazer com que as pessoas corram atrás de seus objetivos de forma mais completa. O rico pode melhorar, assim como o pobre. Conservadores podem melhorar, assim como os liberais. Negros podem melhorar, assim como os brancos.

Os incentivos que criaram os padrões de gastos dispendiosos, na minha descrição, não são nem misteriosos ou complexos. Uma vez que os entendemos, eu irei argumentar que se torna muito mais simples modificá-los.

Em suma, nos deparamos com uma oportunidade de ouro: algumas poucas mudanças políticas nos permitiria mover trilhões de dólares de fontes adicionais para investimentos públicos realmente necessários sem pedir que alguém fizesse sacrifícios dolorosos. De cara esta afirmação poderia lhe parecer absurda. Se assim fosse, você ficaria surpreso em ver que ela se respalda em algumas poucas premissas, das quais nenhuma é controversa.

Mas isso não significa que implementar as mudanças necessárias vai ser fácil na prática. A oportunidade com a qual nos deparamos não é uma que pode ser realizada por pessoas agindo sozinhas. Temos que agir coletivamente. Este é um desafio, pois o atual clima político está mais polarizado que em qualquer outro ponto na história recente. Propostas para reconstruir infraestruturas decadentes podem encontrar uma forte resistência, até mesmo daqueles que concordam, em teoria, que elas devem ser feitas.

Parte dessa resistência nasce de experiências que levaram muitos a questionar a eficácia do governo. Talvez a metáfora popular mais atraente para um governo ineficaz seja o onde longas esperas e um serviço arrogante são lendas. Um blogueiro de Ohio, por exemplo, ofereceu sua descrição de uma visita a um Departamento de Veículos Motorizados (DMV) rural logo após ter se mudado para o estado.

> Era um prédio velho de pedra, muito pequeno, com apenas uma mulher trabalhando lá. Eu entrei e, não vendo mais ninguém, não me preocupei com a placa "pegue uma senha" e fui até o balcão. A mulher me encarou e falou severa, "PEGUE UMA SENHA". Olhei ao redor, sorri tamanho absurdo, peguei uma senha e me sentei em um banco velho de madeira. Não havia mais ninguém no lugar a não ser ela e eu. Assim que eu me sentei ela chamou "UM!". Eu disse, "Ei, sou eu!" e coloquei meu número de volta e fui de novo até o balcão.[12]

Embora não seja mistério algum que tais experiências gerem visões preconceituosas sobre o governo, permanece o fato de que nenhuma sociedade pode prosperar sem meios efetivos para seus cidadãos agirem coletivamente. Sem governo, como poderíamos nos defender, ou fazer valer direitos de moradia, ou frear a poluição, ou construir e manter infraestruturas públicas que nos fazem perceber o quão sortudo somos de ter nascido aqui e não em um país desesperadamente pobre?

Já que não podemos evitar o governo, definitivamente vale a pena se pensar sobre formas de como melhorá-lo. Algumas sociedades têm, comprovadamente, governos mais efetivos que outras, afinal, e algumas das instituições do nosso próprio governo funcionam muito melhor do que outras.

A possibilidade de criar instituições do governo mais efetivas é claramente demonstrada pelo impressionante contraste entre o DMV que me atendeu logo quando me mudei para Ithaca, nos anos 70, e o que nos atende agora. A versão mais antiga apresentava a mesma inaptidão burocrática descrita pelo blogueiro de Ohio, mas a versão de hoje é completamente diferente.

Há alguns anos, eu vendi meu carro para um comprador de fora do estado, que disse estar excitado para completar nossa transação, a não ser pelo fato de que, para isso, ele precisaria ir até o DMV de sua cidade. Eu o instiguei a registrar o carro em Ithaca, dizendo que ele teria uma surpresa agradável. Ele concordou, relutante, e para sua surpresa, nós estávamos saindo com suas placas em menos de quinze minutos. A transação teria sido bem mais rápida se ele não tivesse errado várias vezes enquanto preenchia seu formulário, o que uma atendente bem-humorada e paciente o ajudou a corrigir.

O que causou essa transformação? Curioso para descobrir, eu falei com Aurora Valenti, a funcionária do condado de Tompkins, responsável pelo nosso DMV por mais de duas décadas antes de sua recente aposentadoria. Logo quando ela assumiu, ela me disse, o ânimo dos funcionários era baixo e as reclamações dos clientes eram frequentes e amargas.

Um dos problemas era que as pessoas tinham que esperar em uma fila longa para dar entrada em seus formulários, então pegar uma segunda fila para pagar suas taxas. A senhora Valenti resolveu esse problema persuadindo os funcionários do estado em Albany a fornecer terminais que pudessem lidar com ambas as tarefas. Os clientes agora esperavam em uma fila só.

Sua segunda maior iniciativa foi dar aos funcionários um treinamento de sensibilidade, dizendo a eles, "A maioria dos clientes preferem fazer um tratamento de canal do que vir ao DMV, e isso faz vocês e eles infelizes". Seu objetivo era empoderar os funcionários a dizer aos clientes, de forma rápida e bem-humorada, que não havia problema algum que eles não conseguissem resolver.

A reviravolta tem sido bem dramática e o ânimo entre os empregados agora parece ser alto. Quando eu disse à funcionária que ajudou o comprador do meu carro porque eu havia sugerido vir ao departamento de Ithaca ela corou de orgulho, dizendo que ela e seus colegas realmente gostavam de seu trabalho.

Pesquisas anuais pela Transparência Internacional, um grupo sem fins lucrativos localizado em Berlim, fornece mais evidências da possibilidade de um bom governo. Estas pesquisas consistentemente colocam as mesmas nações – Nova Zelândia, Países Baixos, Suíça, Canadá e os países Escandinavos, dentre eles – no topo da lista de países onde os cidadãos admiram seus governos. Poucas pessoas nesses países veem seus governantes como corruptos, e a maioria está satisfeita com a qualidade de serviços públicos pagos com seus impostos.

Eu enfatizo a possibilidade de um governo eficaz na esperança de encorajar os sépticos a manterem a mente aberta quanto a minha afirmação de que poderíamos facilmente deixar uma sociedade muito melhor para nossas crianças. Para atingir esse objetivo, os passos que precisamos tomar não são invasivos, nem requerem etapas burocráticas adicionais. Mas nós dificilmente tomaremos estes passos se muitas pessoas acreditarem que eles não funcionarão.

2 ♠

POR QUE EVENTOS ALEATÓRIOS E BANAIS SÃO IMPORTANTES?

Psicólogos usam o termo "tendência retrospectiva" para descrever a tendência humana em pensar que os acontecimentos são mais previsíveis do que realmente são. No fim dos anos 40, o sociólogo, Paul Lazarsfeld, organizou uma demonstração vivida do fenômeno descrevendo um estudo simulando ter descoberto que soldados da Segunda Guerra Mundial de áreas rurais eram muito mais capazes de lidar com as demandas da vida militar do que suas contrapartes urbanas.[1] Bem como Lazarsfeld suspeitou, as pessoas que leram seu estudo o acharam completamente previsível: Claro que a vida árdua dos homens rurais o fariam mais capazes de aguentar o estresse da guerra! Por que alguém precisaria fazer um estudo para afirmar isso?

A reviravolta foi que o estudo de Lazarsfeld foi completamente falso. O estudo verdadeiro dizia o contrário: Foram os soldados das áreas urbanas que se saíram muito melhor no exército. O ponto de Lazarsfeld foi mostrar que quando você pensa que já sabe o que aconteceu, é fácil inventar razões pelas quais isso *tinha* que acontecer.

Estendendo o trabalho de Lazarsfeld, o sociólogo, Duncan Watts, argumentou que o viés da retrospectiva opera com uma força particular quando as pessoas observam desfechos bem-sucedidos que não são usuais.[2] O problema, ele sugeriu, é que é quase sempre fácil se criar uma narrativa depois do fato que mostra tais desfechos como tendo sido inevitáveis. No entanto, todo evento é um desfecho de uma série de passos emaranhados e complexos, onde cada um depende do outro que o precede. Se qualquer um desses passos anteriores tivesse sido diferente, a trajetória por completa teria, quase certamente, sido diferente também.

Watts ilustra seu argumento com a história interessante da *Mona Lisa*, facilmente a pintura mais famosa do mundo. Durante uma visita ao Louvre, ele percebeu uma multidão se acotovelando para ver mais de perto o quadro, mesmo enquanto vários outros quadros de Leonardo da Vinci, do mesmo período, estavam sendo completamente ignorados na galeria ao lado. Para Watts, a *Mona Lisa* não aparentava ser melhor do que aqueles outros quadros. Curioso, ele pesquisou e descobriu que o quadro havia definhado na escuridão pela maioria de sua vida inicial. O que colocou o quadro sob os holofotes foi, aparentemente, seu roubo, em 1911, por Vincenzo Peruggia, um italiano operário de manutenção do Louvre, que, uma tarde, colocou o quadro embaixo de sua bata antes de deixar o trabalho.

O roubo, que foi amplamente divulgado, permaneceu sem solução até que Peruggia foi preso, dois anos depois, tentando vender o quadro para a galeria Uffizi, em Florença. No relato de Ian Leslie sobre o episódio:

> O público francês estava eletrizado. Os italianos saudavam Peruggia como um patriota que queria retornar a pintura à sua casa. Jornais ao redor do mundo reproduziram a história, fazendo dela o primeiro trabalho de arte a adquirir fama global. A partir daí a *Mona Lisa* passou a representar a própria cultura ocidental.[3]

Como Watts escreve, "Alegamos dizer que a *Mona Lisa* é a pintura mais famosa do mundo por ter atributos X, Y e Z. Mas na realidade, o que estamos dizendo é que a *Mona Lisa* é famosa porque se parece mais com *Mona Lisa* do que qualquer outra coisa".[4]

Considere também a carreira do Al Pacino, um dos atores mais celebrados dos últimos 40 anos. Os fãs podem achar difícil imaginar uma versão alternativa da história onde ele não é bem-sucedido como ator. No entanto, sua carreira deve muito a uma decisão altamente improvável de *casting*.[5]

Os produtores executivos do estúdio Paramount queriam escalar Robert Redford, Warren Beatty ou Ryan O'Neal para o papel de Michael Corleone, na adaptação fílmica de *O poderoso chefão*, de Mario Puzo, dirigido por Francis Ford Coppola. No entanto, Coppola queria um ator desconhecido, alguém que realmente parecesse com um siciliano. Os produtores executivos estavam cépticos e quase escalaram James Caan para o papel. Eles se afastaram quando Coppola ameaçou abandonar o projeto. No final das contas, eles escalaram Caan como o irmão mais velho de Michael, Sonny, e deram a Pacino o papel principal.

No romance de Puzo, Vito Corleone era o personagem principal. Mas o filho mais novo de Vito, Michael, é claramente o protagonista na adaptação de Coppola. Pacino, que havia aparecido somente em outros dois filmes menores, ganhou, assim, o que se tornou seu papel mais importante, em um filme que vários críticos denominaram como o melhor filme já produzido. A improbabilidade de tal decisão é ressaltada pelo fato de Coppola estar dirigindo seu primeiro filme, com 33 anos. Diretores inexperientes quase nunca conseguem o que querem em discussões com os chefes dos estúdios.

A carreira de Pacino afirmou a sabedoria de Coppola em sua decisão. Aqueles que acreditam que talento e esforço inevitavelmente irão triunfar, podem argumentar que, por Pacino ser relativamente jovem na época, suas habilidades teriam, eventualmente, o dado sucesso, mesmo que ele não tivesse arrematado o papel de Michael Corleone. Talvez. Mas também existem milhares de atores altamente talentosos que nunca tiveram a oportunidade certa para demonstrar suas habilidades.

Bryan Cranston, por exemplo, era um ator coadjuvante de meia idade quando o produtor, Vince Gilligan, propôs escalar ele no papel principal de sua futura série, *Breaking Bad*. Mais uma vez, os produtores executivos do estúdio ficaram relutantes em investir tanto em um ator que nunca teve um grande papel principal em um drama. Então, eles ofereceram o papel de Walter White para John Cusack. E quando Cusack o rejeitou, eles abordaram Matthew Broderick, que também disse não. Gilligan mais uma vez argumentou que Cranston seria perfeito para o papel e os produtores executivos finalmente cederam.[6]

Breaking Bad se tornou uma das séries de drama mais bem-sucedidas de todos os tempos, muito em parte pela atuação de Cranston como o doente professor de química do ensino médio que se torna rei da metanfetamina. Cranston ganhou quatro prêmios Emmy durante as cinco temporadas da série e é hoje um dos atores mais procurados no ramo. Ele é um artista talentoso, com certeza, mas existem milhares de outros artistas talentosos que continuam a trabalhar fora dos holofotes.

Parece seguro afirmar que Cranston não teria se tornado um *superstar* se Cusack ou Broderick tivesse aceitado o papel de Walter White.

Trajetórias de carreiras de atuação oferecem as mais claras ilustrações do processo de *feedback* positivo, conhecido como *Efeito Matthew* após o livro de Matthew que diz na contracapa, "Para todos que merecem, receberão em abundância; mas para aquele que não merece, será tomado até mesmo aquilo que tem". O termo foi cunhado pelo sociólogo Robert K. Merton para descrever como o efeito em ondas de pequenos eventos podem, frequentemente, mudar de forma profunda a carreira de pesquisadores científicos.[7]

O efeito Matthew também se aplica à economia. Quando os alunos americanos de PhD em Economia se aproximam do término de seus estudos, eles procuram por empregos nas reuniões anuais da Associação Americana de Economia. As reuniões aconteciam em New Orleans quando eu era um aluno de PhD do quarto ano em Berkeley, no mercado de trabalho, em 1971. No momento em que embarquei no meu voo, em São Francisco, numa triste manhã no fim de dezembro, o vírus que me perseguia por vários dias havia se desenvolvido em uma completa virose. Má sorte.

Me arrastei entre as entrevistas com uma febre de 40 graus, com quase certeza de que estava deixando uma impressão desfavorável a cada uma. Deixei Nova Orleans em pânico, pensando que nenhuma pessoa sã iria querer me entrevistar novamente. Para minha surpresa, no entanto, recebi três retornos. Cornell me convidou a viajar para fazer uma visita no *campus*, assim como a Universidade de Wisconsin e uma faculdade menos conhecida no centro oeste.

A faculdade não nomeada foi a primeira viagem. Na época, era uma instituição que enfatizava o ensino acima da pesquisa, então não teria sido o destino ideal para um economista pesquisador como eu. Mas eu sabia que minhas opções eram limitadas, então eu fiz o melhor discurso que podia. Aparentemente foi bom o bastante, já que o chefe do departamento me ligou para oferecer um trabalho vários dias depois. Aliviado de que eu não estaria totalmente fora do jogo, fui então para Cornell, e vários dias depois recebi minha segunda oferta. Quando perguntei se poderia responder depois da minha viagem a Winsconsin, que seria dez dias depois, eles disseram não – que a oferta expiraria em cinco dias. Aceitei na hora. O departamento de Economia de Cornell é quase tão bom quanto o de Winsconsin, e já que era quase incerto eles me oferecerem um emprego, foi uma decisão fácil.

Logo depois que eu cheguei ao *campus* no ano seguinte, um jovem professor, que esteve envolvido na minha contratação, me disse que os sete novos professores do departamento de Economia de Cornell era muito mais do que eles já haviam contratado em qualquer ano anterior. Ele também me disse que eu fui o sétimo contratado. Em voz baixa, ele adicionou que, quando ele apoiou a moção que me faria a oferta, o chefe do departamento ficou com tanta raiva que jogou um pedaço de giz nele, do outro lado da sala. (Um homem volátil, ele aparentemente preferia outro candidato.) Isso basta para dizer que eu consegui o emprego por um fio. E isso também significa que era quase certo eu não receber uma oferta de Wisconsin.

Resumindo: tive sorte. Se não fosse por uma confluência de eventos excepcionalmente improváveis, o resultado da minha busca por emprego naquele ano teria sido ir trabalhar em uma instituição no centro oeste. No fim das contas, um colega de sala da pós foi contratado por essa mesma faculdade. Com o passar dos anos, ele me ligava de tempo em tempo, só para conversar, reclamando que pouquíssimos dos seus colegas estava fazendo qualquer coisa que ele achasse interessante. Vez ou outra ele descrevia discussões animadas que ele tinha com os alunos mais espertos da graduação sobre os trabalhos que eles escreviam, mas na maioria do tempo ele tinha pouco estímulo em seu meio de trabalho. As expectativas quanto à pesquisa eram baixas. Sou um procrastinador preguiçoso por natureza, e se meus supervisores não tivessem esperado que eu produzisse muito, eu teria entregado somente o necessário. Mas por uma jogada de sorte eu fui parar em Cornell, que acabou se tornando um ambiente de trabalho maravilhoso.

A minha efetivação em Cornell foi ainda mais improvável do que a minha contratação. No meu segundo ano, passei por uma separação muito difícil. (Existe qualquer outro tipo?) Eu era o responsável por nossos dois filhos mais novos durante muitos anos, o que significava que eu tinha que deixar o escritório todo dia antes das três. Eu escrevi muito pouco, e ao fim do meu terceiro ano eu tinha somente um artigo publicado, que eu havia escrito com um colega de sala durante a pós. Minha tese não tinha muita coisa interessante e eu não tinha mais nenhuma carta na manga.

Edward M. Gramlich, 1939-2007.

Atualmente, os professores assistentes com esse tipo de histórico são quase sempre demitidos durante suas avaliações do terceiro ano. Mas os padrões naquela época estavam mais flexíveis e, já que eu estava indo bem em sala e não custava muito para eles, o departamento renovou meu contrato por mais três anos. No entanto, seria uma afirmação desnecessária dizer que minhas chances de continuar lá depois disso eram escassas.

Durante meu quarto ano, Ned Gramlich, um economista político talentoso, veio para o departamento como membro convidado.[8] Nós rapidamente nos tornamos amigos, frequentemente passando nossos sábados de inverno esquiando com nossos filhos. Tínhamos conversas estimulantes sobre economia enquanto estávamos nos teleféricos. Nenhum dos meus outros colegas havia demonstrado interesse em meu trabalho antes, mas Ned achou algumas das minhas ideias sobre os mercados de trabalho intrigantes e me encorajou a escrever um artigo para um periódico que ele estava organizando.

Poucas pessoas liam periódicos, então, publicar um artigo em um meio como esse não é uma jogada particularmente valiosa na carreira de um economista acadêmico. (O psicólogo Danny Kahneman, que ganhou o Prêmio Nobel de Economia em 2002, uma vez me disse que ele incentiva os jovens colegas a nunca escrever um artigo para um periódico.) Mas já que eu estava muito aquém do planejamento, eu prontamente aceitei a proposta de Ned. Fui direto trabalhar no projeto e fiquei satisfeito com o artigo final.

No entanto, logo após eu ter entregue meu primeiro rascunho para Ned, ele veio até meu escritório cabisbaixo. Ele me disse que o editor da série que lançaria o periódico havia acabado de lhe ligar para dizer que o projeto havia sido cancelado. Má sorte!

Ou pelo menos era o que parecia. Enviei o artigo para o *Econometrica*, um dos jornais mais prestigiados e seletivos de economia. Em menos de dois meses eu recebi uma carta de aceite do editor, sem ordens de uma revisão extensiva. Encorajado por esse sucesso, produzi uma simples extensão no artigo e enviei para outro jornal conceituado. A carta de aceite deste editor chegou poucas semanas depois, mais uma vez, sem necessidade de alterações significativas.

No verão seguinte, escrevi mais três artigos e enviei eles para avaliação. *Bang, bang, bang*, rapidamente recebi as cartas de aceite dos editores da *American Economic Review, Journal of Political Economy*, e da *Review of Economics and Statistics*, cada um no topo dos jornais de economia, que aceitam menos de 10% dos trabalhos que são submetidos. E, mais uma vez, não houve pedidos de alterações significativas.

Em um contraste impressionante, a maioria dos artigos que publiquei foram rejeitados por pelo menos uma revista, alguns até por quatro, e somente em alguns casos eu recebi uma decisão editorial antes que houvesse se passado seis meses ou mais. Quando meus artigos não eram logo recusados, os editores demandavam revisões extensas, sem promessa de publicação antes que as mudanças fossem cuidadosamente examinadas, um passo que estendia o processo de revisão por, pelo menos, vários meses.

Continuo orgulhoso de alguns dos primeiros artigos que submeti, mas eu acredito firmemente que os que escrevi nos anos seguintes são de melhor qualidade. A única conclusão plausível é de que meu início na carreira editorial não foi bem-sucedido por diversas probabilidades.

Não fosse por essa sorte excepcional, meus colegas, com quase certeza, não teriam votado por mim quando fui candidato a ser efetivado no início do meu sexto ano em Cornell. Um amigo que estava na reunião depois me disse que o comitê responsável pelo meu caso pediu avaliações de pessoas de fora, conceituadas, que eram conhecidas por serem altamente críticas com os trabalhos de qualquer pessoa. A esperança do comitê, ele disse, era reunir um dossiê que ajudaria a defender uma decisão negativa no meu caso. No entanto, meu histórico era significativamente mais forte que os dos que foram contratados comigo. Para me demitir, o departamento teria que demitir todos os outros, uma atitude que os membros do comitê aparentemente não podiam defender.

Então, se não fosse por uma improvável sucessão de eventos fortuitos – se eu não tivesse sido contratado, em primeiro caso, se Ned Gramlich não tivesse vindo como visitante, se meus artigos tivessem sido rejeitados como era de costume, ou até mesmo se os editores tivessem demorado para dar o parecer – eu nunca teria aproveitado a oportunidade de interagir com tantos alunos e colegas inteligentes e estimulantes durante as décadas que se passaram. Eu não teria sido convidado para tantas conferências importantes. Não teria recebido tantos prêmios de pesquisas. Eu não teria sido convidado para passar dez dias com o Dalai Lama, na Índia, ou convidado para escrever uma coluna de economia para o *New York Times*. Essas e tantas outras experiências gratificantes foram concedidas a mim porque fui sortudo.

É possível quantificar a extensão em que o sucesso, em diferentes meios, depende de acontecimentos fortuitos triviais? O sociólogo já mencionado, Duncan Watts, e seus colaboradores, desenvolveram um experimento chamado Laboratório Musical, numa tentativa de responder essa pergunta para aspirantes a músicos. Em um *site*, eles publicaram o nome de 48 bandas *indie* e uma música de cada. Meus dois filhos mais novos são os principais membros da *The Nepotist*, uma banda *indie* que está batalhando para aparecer no cenário musical hiper competitivo de Nova York, então eu provavelmente sei mais sobre bandas *indies* do que a maioria das pessoas. Mas eu nunca havia ouvido falar das bandas publicadas no Laboratório Musical.[9]

Os visitantes do *site* poderiam fazer o *download* de qualquer uma das 48 músicas, com a condição de que eles deviam avaliar a música, indicando o quanto gostaram. Os pesquisadores fizeram uma média dos resultados para criar uma avaliação objetiva de qualidade – objetiva no sentido de que essas avaliações foram feitas sem que nenhum dos avaliadores soubessem como as pessoas estavam reagindo às músicas. Essas avaliações objetivas eram altamente variáveis. Um punhado de músicas conseguiu notas altas da maioria dos ouvintes e algumas poucas receberam notas baixas da maioria. Mas, na maioria, não houve resposta consistente. Algumas pessoas realmente gostaram das músicas, outros acharam que elas eram OK e outros deram notas realmente baixas.

Com essas avaliações objetivas em mãos, os pesquisadores então criaram oito *sites* independentes que continham as mesmas 48 bandas e músicas de antes. Mas cada um desses *sites* também disponibilizava informações adicionais: os visitantes podiam ver, agora, quantas vezes cada música havia sido baixada e a avaliação média de qualidade que elas tinham recebido até então.

Uma das bandas do experimento era a *52 Metro*. A música deles, *Lockdown*, estava no meio da pontuação objetiva, em 26º lugar, das 48. O destino dessa música variava dramaticamente entre os oito *sites* que incorporaram o *feedback* social. Em um, ela estava em primeiro lugar, mas em 40º em outro.

O destino da música, no fim das contas, dependia em boa parte de como as primeiras pessoas que a baixassem reagiam a ela. Se eles gostassem muito, isso criava um efeito *halo*, que deixariam os outros mais inclinados a fazerem o *download* e a responderem a música de forma favorável. Mas se os primeiros a baixarem não gostassem, as coisas iam ladeira abaixo. As descobertas do Laboratório Musical sugerem que muitas músicas (ou livros e filmes) que se tornam grandes *hits*, devem seu sucesso ao fato de que as primeiras pessoas que as avaliaram, por ventura, gostaram delas. Trabalhos de qualidade indubitável são, claro, mais propensos a receber avaliações positivas e podem ser bem-sucedidos mesmo com alguns comentários negativos no início. Mas a maioria das empreitadas artísticas geram um leque de avaliações subjetivas. Alguns obtém sucesso somente porque a primeira pessoa a expressar sua opinião sobre o objeto de forma pública pertencia ao lado certo da distribuição de opinião. O que é o mesmo que dizer que, muitas empreitadas artísticas devem seu sucesso, pelo menos em parte, a pura sorte.

Muitos artistas bem-sucedidos parecem alheios a esse fato. Mas existem exceções interessantes. Considere, mais uma vez, Vince Gilligan, o criador de *Breaking Bad*. Quando Brett Martin o entrevistou sobre o sucesso da série para a o volume Homem do Ano da revista *GQ's*, em 2013, isto foi o que Gilligan disse:[10]

> Você alguma vez já esteve sentado em sua mesa, amassou um pedaço de papel e, sem mesmo olhar, jogou por cima do ombro e ele foi direto na lata de lixo? Você nem pensou sobre isso. Você não se estressou sobre isso. Você simplesmente fez. E agora que você pensa sobre isso, você nunca poderia fazer de novo, nem em um milhão

de anos, não importa o quanto você tente. Foi assim que aconteceu. Nós trabalhamos duro, mas todos trabalham duro na TV. Nós tentamos fazer o melhor *show* que fosse humanamente possível, mas sabe como é, os caras de *According to Jim* fizeram o mesmo. Por que foi um sucesso... poderia falar um monte de coisas sem noção, mas honestamente... gostaria de poder explicar, porque, quem sabe assim, poderia ter uma chance na TV no futuro. A verdade é que eu só tenho de ficar satisfeito que isso aconteceu.

Pequenos eventos fortuitos frequentemente têm grandes consequências. Gêmeas idênticas prestam o vestibular no mesmo sábado. Uma delas está doente e marca 200 pontos a menos que sua irmã e suas carreiras começam a divergir daquele momento em diante. Uma ganha o prêmio Nobel de química, enquanto a outra luta para se manter como professora adjunta de química. Até mesmo pequenas variações frequentemente se ramificam em enormes diferenças nos resultados finais.

Eventos fortuitos também influenciam em trajetórias de carreiras moldando as decisões das pessoas sobre quais especializações almejar. Experiências na infância, que oferecem pistas, ainda no início, sobre em que você é bom, podem lhe ajudar a identificar o nicho no mercado que parece mais apropriado. Mas talvez esse nicho já esteja cheio, e nesse caso, você vai para o melhor que ainda está disponível.

A ordem de nascimento entre irmãos, que resulta de um acontecimento de sorte mais do que qualquer outro, frequentemente tem um papel decisivo. Minha esposa é a quinta de seis crianças, cindo delas, mulheres. A vaga de atleta da família já estava tomada quando ela nasceu, então ela não foi sequer considerada para isso. Ao invés disso, ela ganhou a vaga de artista/musicista, que foi ótima para os talentos e interesses dela.

Mesmo assim, a vaga de esportista poderia ter sido melhor para ela. Tendo crescido no sul da Flórida, eu ensinei centenas de pessoas a esquiar na água ao longo dos anos. Uma das primeiras coisas que os novatos fazem depois de aprenderem a esquiar com os dois esquis é tentar o desafio mais difícil, esquiar somente com um. O primeiro passo é esquiar com os dois e, então, chutar um deles para o lado enquanto tenta se equilibrar no que ficou. Uma vez que eles dominam esse passo, eles estão prontos para a parte realmente difícil, que é ser puxado por um barco, estando fora d'água, em um esqui. Dentre as centenas de pessoas que tentei ensinar, minha esposa é a única que foi bem-sucedida na primeira tentativa. Às vezes demora, até para os mais experientes atletas, são necessárias muitas tentativas.

Minha esposa sequer sabia que era uma boa atleta até se tornar adulta, porque a vaga de esportista em seu grupo de irmãos já estava tomada quando ela chegou. E o fato dela já estar tomada é puro acaso.

Assim como as irmãs Williams no tênis e os irmãos Alou no beisebol são prova, é óbvio que se pode ter mais de um atleta bem-sucedido em um grupo de irmãos. Mas a tendência que eu descrevo é real. Meu filho mais novo relutou por anos em abraçar sua paixão pela música porque seu irmão mais velho já se destacava nesse domínio. Sua paixão venceu, mas é fácil de se imaginar um cenário onde ela não venceria.

Como Malcolm Gladwell explica em *Outliers*, vantagens familiares no início da vida frequentemente explicam as diferenças individuais no sucesso.[11] Bill Gates, por exemplo, teve a sorte de, como um aluno da oitava série, no fim dos anos 60, frequentar uma das únicas escolas privadas no país que ofereciam aos alunos acesso ilimitado a um dos terminais de programação de computadores compartilhado. Nesses terminais, programadores podiam, pela primeira vez, enviar seus programas para que eles fossem executados imediatamente. Erros de sintaxe eram sinalizados na mesma hora e podiam ser corrigidos rapidamente.

Sou dez anos mais velho que Gates e *feedback* instantâneo não fazia parte do pacote quando aprendi a programar na faculdade. Naquele tempo, tínhamos que digitar nosso programa em cartões perfurados, carregá-los por um morro íngreme e então colocá-los em uma fila no centro de computadores. No dia seguinte, tínhamos que subir o mesmo morro para pegar uma impressão que listaria os vários erros que impediram nossos programas de funcionar. Tentaríamos corrigir e submetíamos nossos cartões mais uma vez, e geralmente demorava vários dias até que tivéssemos um programa que seria sequer executado, que dirá fazer o que queríamos.

Gates nasceu numa época e em circunstâncias que fizeram dele um dos primeiros americanos a poderem passar longas horas tendo *feedback* instantâneo dos seus esforços em programação. Quando, mais tarde, foi perguntado sobre quantos outros adolescentes da sua época tiveram a mesma experiência que ele antes de irem para a faculdade, ele respondeu, "Se fossem 50 no mundo, ficaria impressionado. Eu tive uma melhor exposição ao desenvolvimento de *softwares* com uma idade jovem do que qualquer outra pessoa naquele período, e tudo por uma incrível série de eventos fortuitos".[12]

Bill Gates não teria vindo a se tornar uma das pessoas mais ricas do mundo se ele não tivesse adquirido tamanha habilidade escrevendo *softwares*. Mas mesmo acompanhada de seu grande apetite em trabalhar duro, essas habilidades não explicam seu sucesso por completo. Ele também foi sortudo em outros aspectos importantes.

Após largar Harvard, ele e seu colega de escola, Paul Allen, se juntaram para formar a companhia que depois chamaria de Microsoft. Era um momento propício para se lançar uma empresa de desenvolvimento de *softwares*, e sua empreitada certamente prosperaria mesmo sem a presença de qualquer evento fortuito. Mas a Microsoft não somente prosperou. No fim dos anos 90, já havia se tornado uma das empresas mais valiosas do planeta.

Uma peça chave em sua transição de uma pequena *start-up*, foi quando a IBM abordou Gates em 1980 para perguntar se a Microsoft os ajudariam a criar um sistema operacional para seu novo computador de uso pessoal que estavam desenvolvendo. Gates foi relutante, de início, e sugeriu que eles contatassem a Digital Research, outra empresa de *softwares*, menor, de Seattle, que já havia desenvolvido um sistema operacional para computadores pessoais chamado CP/M.

IBM conversou com o fundador da Digital Research, Gary Kildall, que manifestou interesse. As histórias divergem sobre como os eventos se sucederam após a reunião, mas o que ficou claro era que a IMB e a DR não haviam chegado a um acordo sobre a venda do CP/M.[13] Jack Sams, o negociador da IBM responsável por procurar um sistema operacional, mais tarde comentou com Bill Gates que a IBM estava considerando a possibilidade de adquirirem o QDOS, o tão aclamado "sistema operacional rápido e sujo", escrito por Tim Patterson, da Seattle Computer Products. Patterson desenvolveu o QDOS com o manual do CP/M, de Kildall, nas mãos, e reconhece que ele foi baseado no CP/M, mas Patterson acreditava que o QDOS era diferente do CP/M o suficiente para resistir a um processo legal.

De acordo com o físico e escritor científico, Leonard Mlodinow's, o que aconteceu depois foi, "De acordo com o Sams, Gates disse, 'Você quer pegar... [QDOS], ou você quer que eu faça?' Sams, aparentemente não gostando das implicações, disse, 'Com certeza você pega ele'".

Com essa afirmação, Sams involuntariamente cedeu a posse do que viria a se tornar centenas de bilhões de dólares. Paul Allen negociou a compra do QDOS pela Microsoft por $50.000 dólares. A empresa então modificou o programa e o renomeou de MS-DOS, para o sistema operado por disco da Microsoft.

A maior tacada de sorte de Gates foi o pessimismo da IBM quanto às vendas dos PCs. Se a empresa tivesse previsto o explosivo crescimento que seria, eles nunca teriam permitido que a Microsoft mantivesse a posse do MS-DOS. Mas a Microsoft deu sorte, e a taxa de *royalty* que eles cobraram por cada cópia do sistema operacional instalada foi uma das razões mais importantes deles se tornarem tão espetacularmente rentável.

Resumindo, a maioria de nós jamais teria ouvido falar da Microsoft se uma longa sequência de diversos acontecimentos improváveis não tivesse ocorrido. Se Bill Gates tivesse nascido em 1945 e não em 1955, se sua escola não tivesse um clube de computadores com um dos primeiros terminais que ofereciam *feedback* instantâneo, se a IBM tivesse chegado a um acordo com Gary Kildal, da Digital Research, ou se Tim Paterson tivesse sido um negociante mais experiente, Gates, com quase certeza, não teria sido bem-sucedido em tão grande escala.

Às vezes, até mesmo inícios aparentemente azarados acabam fazendo o sucesso a longo prazo mais provável. Gladwell cita a experiência dos judeus que imigraram para Nova York no início do século XX e prosperaram na indústria de vestuário. Muitos criaram filhos que se graduaram na faculdade de Direito apenas para serem rejeitados pelas principais firmas de Nova York , que na época contratavam advogados de famílias protestantes ricas. Os graduados judeus eram deixados com poucas opções melhores que começar sua própria firma. Essas firmas geralmente se especializavam em casos que as firmas de Direito de elite julgavam estar abaixo delas, tais como litígios de aquisições corporativas hostis. Os advogados criados pelos trabalhadores do ramo de vestuário eram, portanto, os únicos que haviam desenvolvido a especialidade em tirar dinheiro do crescimento explosivo de aquisições corporativas hostis que ocorreram entre os anos 70 e 80. Por dominarem esse novo mercado, eles passaram a ganhar bem mais do que os advogados das firmas que os rejeitaram antes.

O histórico da minha própria família me fez sortudo de uma forma um pouco diferente. Filho adotivo de dois quiropratas da Flórida, cresci com uma máquina de raio-X na minha sala, e embora eu nunca fosse dormir com fome, o dinheiro era geralmente curto. Sabia que se houvesse algo de especial que eu quisesse, precisava ganhar por conta própria – primeiro engraxando sapatos em bares, depois entregando jornais antes do amanhecer. Somente quando cheguei na casa dos 30 que conheci minha mãe biológica e sua família e percebi o quão diferente meus arredores teriam sido se eu não tivesse sido posto para adoção. Eles me acolheram graciosamente, e com o tempo eu descobri que eles eram uma família distinta de Cape Cod. Uma grande pintura a óleo de Frederic Tudor, um dos meus tatara-tataravôs, está exposto na biblioteca Baker, em Harvard.

O Rei do Gelo: Frederic Tudor, 1783-1864.

Tudor era conhecido como o rei do gelo. No século XIX, ele se tornou um dos homens mais ricos da Nova Inglaterra por ser teimoso e almejar uma ideia que todos os outros ridicularizavam: pegando gelo dos lagos de Nova Inglaterra durante o inverno e transportando por navio para as cidades de clima quente ao redor do globo. A biografia de Gavin Weightman sobre ele é um estudo de caso de resiliência frente a adversidade.[14] Tudor foi à falência várias vezes e cumpriu várias penas em prisões para credores, mas ele prevaleceu no final. Uma parte decrescente de sua antes grande fortuna tem sido repassada por gerações desde então.

Então, a maioria dos meus primos cresceram sabendo que um significante fundo de garantia os esperava quando eles atingissem a maior idade. Essa informação não afetaria a vida de ninguém da mesma forma – Bill Gates veio de uma família "bem de vida" e ninguém nunca questionou sua disposição a trabalhar duro – mas eu sei como teria me afetado. Como você reúne a determinação para fazer as coisas difíceis que deve fazer para manter sua carreira nos trilhos se você sabe que uma grande quantia está vindo em sua direção em um futuro próximo? Eu apenas acho que eu não teria desfrutado de uma carreira tão interessante quanto a que tive se tivesse sido criado com muito dinheiro.

Outros incontáveis exemplos comprovam o poder que fatores pequenos e aleatórios tem de, aparentemente, alterar as trajetórias da vida em grande escala. No hóquei, por exemplo, 40% de todos os jogadores na liga profissional ao redor do mundo nasceram em janeiro, fevereiro ou março, enquanto apenas 10% nasceu em outubro, novembro ou dezembro.[15] A aparente razão para essa distribuição é que o dia primeiro de janeiro é, tradicionalmente, a data de corte para a participação em ligas juvenis de hóquei. Os jogadores nascidos no início do ano eram então os membros mais velhos do seu time em cada estágio seguinte. Em média, eles eram um pouco maiores, mais fortes, mais rápidos e com mais experiência do que seus colegas de time nascidos nos últimos meses do ano. Por serem mais propensos a se saírem melhor em cada estágio, eles também eram mais propensos a serem escolhidos para os times de elite e os times dos campeões. Eram mais propensos a serem escolhidos para os programas com as melhores estruturas e o melhor treinamento, mais propensos a receberem bolsas esportivas e por aí vai.[16]

Links similares entre data de nascimento e conquistas aparecem em outros domínios. Embora o início do ano escolar varie de lugar para lugar, a maioria das crianças nascidas nos meses do verão tendem a estar entre os mais novos de sua classe. Esse simples fato aparenta explicar porque esses alunos são, significativamente, menos propensos a obterem posições de liderança durante seus anos no ensino médio.[17] Outros estudos descobriram que mesmo após controlar habilidades cognitivas e outros traços físicos e psicológicos, os alunos que tiveram posições de liderança acabam recebendo pagamentos significativamente mais altos[18]. E pesquisadores que analisaram uma ampla amostra de grandes empresas americanas descobriram que o número de chefes executivos nascidos em junho e julho é quase um terço menor do que o esperado com base nas possibilidades.[19]

Até mesmo a primeira letra do sobrenome de uma pessoa pode ajudar a explicar diferenças significativas em suas conquistas. Um estudo, por exemplo, descobriu que professores assistentes nos mais bem colocados departamentos de Economia eram mais propensos a serem efetivados dependendo do quão no início do alfabeto estava a primeira letra do seu sobrenome. Os autores do estudo atribuíram esse efeito ao costume, na área da Economia, de se listar os autores por ordem alfabética em artigos de coautoria, percebendo que não encontraram o mesmo efeito quanto aos professores de Psicologia, que não listam os autores por ordem alfabética.[20]

Reconhecer que eventos aparentemente triviais e aleatórios são frequentemente muito importantes não é sugerir que o sucesso na vida independe de talento e esforço. Nas áreas mais competitivas, aqueles que se dão bem são quase invariavelmente altamente talentosos e incrivelmente esforçados. Como Charlie Munger, o vice-presidente da Warren Buffett's Berkshire Hathaway, escreveu, "A maneira mais segura de se tentar conseguir o que você quer, é tentar merecer o que você quer". Talvez o conselho mais útil para alguém que aspira o sucesso material é desenvolver uma especialidade sólida em uma tarefa que os outros consideram de grande estima. E uma especialidade não vem da sorte, mas de milhares de horas de esforço.

Ainda assim, eventos fortuitos também são importantes. E como vemos, o sucesso material em muitas áreas é quase impossível sem uma medida substancial de sorte.

3 ♠

COMO O MERCADO DO "TUDO OU NADA" AUMENTA O PAPEL DA SORTE

Por que pessoas esforçadas, com talentos e treinamento similares, geralmente recebem salários dramaticamente diferentes? E, por que, também, essa diferença entre salários tem crescido nas últimas décadas? Quase nenhuma outra pergunta tem se provado mais fascinante para os economistas.

A abordagem tradicional a essas perguntas vê esses mercados de trabalho como meritocracias perfeitamente competitivas, nas quais as pessoas são pagas de acordo com o valor do que produzem. Nessa visão, a diferenças nos pagamentos resultam, em boa parte, na diferença individual de "capital humano" – um amálgama de inteligência, treinamento, experiência, habilidades sociais e outras características pessoais conhecidas por afetar a produtividade. O capital humano ordena uma taxa de retorno no mercado, assim como qualquer outra posse, sugerindo que diferenças de pagamentos individuais devem ser proporcionais as correspondentes diferenças no capital humano. Então, por exemplo, se Sue tem duas vezes mais capital humano que James, seus ganhos devem ser duas vezes maiores.

Mas nem mesmo as medidas mais sofisticadas de capital humano pode explicar além de uma pequena fração das diferenças em ganhos individuais durante qualquer ano. E já que a distribuição de inteligência, experiência e outros traços entre os indivíduos não parecem ter variado muito nas últimas décadas, a abordagem do capital humano tem pouco a dizer sobre a crescente disparidade entre pagamentos com o passar do tempo.

A abordagem do capital humano é também completamente silenciosa sobre o papel dos eventos fortuitos no mercado de trabalho. Supõe-se que, quanto mais capital humano você tem, mais você será pago, o que obviamente não é sempre o caso. Claro, a maioria das pessoas nos primeiros 1% não chegaram lá *apenas* sendo sortudas. Quase todos se esforçaram bastante e são incomumente bons naquilo que fazem. Eles possuem *muito* capital humano. Mas o que a abordagem do capital humano deixa passar é que certas habilidades são bem mais valiosas em alguns cenários do que outros. No nosso livro de 1995, *The Winner-Takes-All Society*, eu e Philip Cook argumentamos que um vendedor talentoso, por exemplo, será bem mais produtivo vendendo títulos financeiros a fundos de riqueza soberanos do que vendendo sapatos para crianças.[1]

Se os mercados têm ficado mais competitivos com o tempo, por que as diferenças entre salários, não explicadas pela abordagem do capital humano, estão maiores que nunca? Cook e eu argumentamos que o que tem mudado é que a nova tecnologia e instituições de mercado tem provido apoio para os talentos dos indivíduos mais capazes. A melhor solução disponível para pacientes sofrendo de uma doença rara foi, no passado, se consultar com o médico local mais sábio. Mas agora que os históricos médicos podem ser enviados a qualquer lugar com o clique de um *mouse*, os pacientes de hoje recebem conselhos da suma autoridade naquela doença ao redor do mundo.

Tais mudanças não começaram ontem. Alfred Marshall, o grande economista do século IXX, descreveu como os avanços em transportes permitiu que os melhores produtores em quase todos os domínios expandissem seu alcance. A produção de pianos, por exemplo, foi antes amplamente escassa, simplesmente porque pianos eram custosos de se transportar. A não ser que fossem produzidos próximo de onde os compradores moravam, os custos de transporte rapidamente se tornaram excessivos.

Mas com cada extensão das rodovias, trilhos e sistemas de canal, os custos de transporte caiam bruscamente, e a cada passo a produção se tornava mais concentrada. Mundialmente, apenas um punhado dos melhores produtores de pianos ainda sobrevivem. É claro que, agora, as ofertas superiores deles estarem disponíveis para mais pessoas é uma coisa boa. Mas o efeito colateral inevitável tem sido que os produtores com a mínima vantagem sobre seus rivais seguram para capturar a maior parte do lucro da indústria.

Nisto se encontra uma pista sobre o porquê de os eventos fortuitos terem se tornado mais importantes até mesmo quando os mercados se tornam ainda mais competitivos. Quando o valor do transporte caiu drasticamente, produtores que uma vez mantinham monopólios que serviam mercados geograficamente isolados, se descobriram em uma batalha lutando por sobrevivência. Nessas batalhas, até mesmo uma pequena vantagem de custo ou de qualidade podia ser decisivo. Eventos aleatórios menores podem facilmente virar a balança em tais competições – e no processo, definir a diferença entre grande riqueza e fracasso econômico. Então, a sorte está se tornando mais importante em parte porque as apostas têm aumentado absurdamente em disputas onde os desfechos sempre penderam parcialmente para os eventos fortuitos.

Muitas das mudanças ambientais que vêm ocorrendo com o tempo são análogas às reduções de custo de exportação. Isso se aplica, por exemplo, às reduções em barreiras tarifárias e melhores tecnologias de comunicação. Talvez ainda mais importante tenha sido o fato de que uma crescente parte do que faz um produto valioso seja representada por ideias incorporadas a isso. Ideias não pesam nada, então são sem custos para se exportar. Cook e eu argumentamos que essas mudanças ajudam a explicar tanto a crescente diferença de renda entre os indivíduos ostensivamente iguais e a onda de inequidade de renda que começou nos anos 60. Em domínio após domínio, escrevemos, a tecnologia tem possibilitado os artistas mais dotados a estender seu alcance.

Contadores locais têm sido deslocados em duas ondas – primeiramente por serviços de franquias, como H&R Block, e mais recentemente por *softwares* de impostos para as massas. Lojas de tijolos e argamassa têm falido em ritmo acelerado, substituídas pela Amazon e outros varejistas *online*. E enquanto os melhores produtores de pneus em, digamos, Akron, Ohio, foi uma vez assegurado pelo vibrante mercado local, os motoristas agora compram apenas de um punhado dos melhores produtores mundiais.

Razões para tais deslocamentos diferem de caso a caso. Mas um fator importante que contribui em quase todos os casos tem sido a revolução da informação. Nos anos 50, as conexões de telefonia através do Atlântico eram tão escassas que algumas empresas internacionais contratavam funcionários nos Estados Unidos para passar seu dia inteiro de trabalho lendo textos ao telefone para seus correspondentes nas franquias europeias, apenas para manterem as linhas abertas. Naquela época, operações corporativas internacionais eram amplamente restringidas pelas dificuldades práticas de coordenação e controle. Para uma empresa sobreviver naquela época, era geralmente o bastante ser o melhor produtor em uma localidade bastante estreita.

Mas tanto a escala como o escopo de mercados individuais têm crescido enormemente nos anos intervenientes. Quando a oferta de um vendedor é melhor que a de todos os outros, a palavra rapidamente se espalha. Baixos custos de transporte unidos a barreiras comerciais decadentes têm tornado mais fácil que nunca servir compradores em qualquer lugar. A conclusão é a de que, se uma oportunidade econômica surge em qualquer lugar no mundo conectado, empresários ambiciosos são rapidamente capazes de descobrir e explorá-la.

As tecnologias modernas de comunicação também têm reforçado os efeitos poderosos da rede que tem aumentado as recompensas para os melhores atuantes. Esses efeitos ajudam a explicar o crescimento do domínio da plataforma Windows PC durante o fim da década de 80. Uma vez que a interface gráfica do usuário do Windows, da Microsoft, entrou em paridade com seu novo rival, o Macintosh, da Apple, a superioridade numérica de usuários do Windows se tornou uma vantagem decisiva. Desenvolvedores de *softwares* concentraram seus esforços na plataforma Windows, pois mais usuários significava mais vendas. E a grande disponibilidade de *softwares*, por vez, atraía cada vez mais usuários para o Windows, criando um *loop* de *feedback* positivo na forma de efeito de rede que levou a Apple à beira da falência.

Efeitos de rede às vezes permitem que uma vantagem efêmera de uma empresa derrote a oferta superior da rival, como aparentemente ocorreu na batalha contra a Betamax e a VHS várias décadas atrás. No fim dos anos 80, comprei meu primeiro vídeo cassete, fui um dos últimos no meu círculo de amigos. Eu lembro vividamente a demonstração conclusiva do vendedor sobre a superioridade da Betamax da Sony contra o formato concorrente VHS, da JVC. Embora tenha concordado com ele que a imagem da Betamax era muito melhor, ele não pareceu nem um pouco surpreso quando anunciei minha decisão de comprar a máquina VHS.

O problema com a Betamax era que as primeiras versões permitiam aos usuários gravar no máximo 60 minutos por vez. E já que uma das principais razões para se ter um vídeo cassete era poder gravar os filmes da televisão, essa era uma séria desvantagem. Quando a VHS ofereceu aos consumidores a oportunidade de gravar por duas horas por vez, as vendas rapidamente começaram a inclinar a seu favor, apesar de sua qualidade de imagem inferior.

Uma vez que a base instalada de máquinas VHS excedeu a da Betamax, a Blockbuster e outras lojas de alugueis de vídeo começaram a inclinar seus estoques a favor dos títulos em VHS, o que por sua vez aumentou ainda mais a atratividade do formato.

Outro uso popular dos vídeos cassetes na época era para as pessoas mandarem vídeos caseiros para os avós de seus filhos. Mas isso só funcionava se ambas as casas usassem o mesmo formato, então aqui havia mais um *loop* de *feedback* positivo que reforçava as razões para se escolher a VHS. Enquanto isso, a Sony conseguiu estender o tempo de gravação da Betamax. Mas até lá a espiral descendente estava em rota e a Betamax estava condenada.

Os efeitos de rede merecem ênfase especial porque são, talvez, a mais importante fonte de randomicidade em disputas de alto risco tudo ou nada. Um motivo para se ler um livro ou assistir um filme é desfrutar da experiência de discuti-los com outros. Oportunidades para tais trocas são, claro, numerosas, quando se lê um título *best-seller* ou se assiste filmes populares. Mas dos milhares de títulos lançados a cada ano, somente um punhado encontram seu caminho para as listas mais amplamente circuladas de *best-sellers*.

Para um livro se tornar um *best-seller* depende de vários fatores, talvez o mais importante seja se ele é minimamente bom. Mas como os autores podem comprovar, muitos livros bons não atingem o *status* de *best-seller*. É bem mais provável que um livro de determinada qualidade vá se tornar um *best-seller* se foi escrito por um autor de outros *best-sellers*. Dentre os *best-sellers* de primeira viagem, a maioria são livros que desfrutaram de críticas fortemente favoráveis em espaços proeminentes como o *New York Times* ou o *Atlantic*. Mas a maioria dos livros, assim como outras empreitadas artísticas, levantam um espectro de reações da maioria dos críticos. Como ilustrado pelos experimentos do Laboratório Musical discutidos mais cedo, um número desproporcional de *best-sellers* terá sido escrito por autores afortunados, cujos livros foram ordenados a críticos iniciais que aconteceram de gostar deles. Muitos *best-sellers* não são mais merecedores, em termos puramente objetivos, do que uma variedade de outros livros que não chegaram a aparecer na lista.

O mercado do tudo ou nada geralmente apresenta duas características. Uma é que as recompensas dependem menos de uma performance absoluta do que uma performance relativa. Steffi Graf, uma das melhores jogadoras de tênis de todos os tempos, jogou em um nível constantemente alto durante meados dos anos 90, ainda assim ela ganhou consideravelmente mais durante os doze meses após abril de 1993 do que durante os doze meses antecedentes. Uma das razões foi a ausência de sua rival, Monica Seles, durante o fim do período, que foi forçada a abandonar a turnê após ser esfaqueada nas costas naquele mês de abril por um fã enlouquecido em um torneio na Alemanha. Embora a qualidade absoluta da jogada de Graf não tenha mudado muito durante a ausência de Seles, sua qualidade relativa melhorou substancialmente.

Uma segunda caraterística importante dos mercados "tudo ou nada" é que as recompensas tendem a estar altamente concentradas nas mãos de alguns poucos candidatos do topo. Isso pode ocorrer por inúmeras razões, mas o mais frequente é por ser uma consequência das tecnologias de produção que aumentam o alcance de um certo candidato. Isso se aplica, por exemplo, à indústria da música, que exibe ambas características dos mercados "tudo ou nada". Como o economista Sherwin Rosen escreveu:

O mercado para a música clássica nunca esteve mais amplo que agora, no entanto o número de solistas em tempo integral em um dado instrumento está na casa de apenas algumas centenas (e muito menor para instrumentos que não sejam de voz, violino e piano). Artistas da primeira classificação abrangem uma quantidade limitada desses pequenos totais e possuem rendas enormes. Também há conhecimento de diferenças substanciais entre eles e aqueles na segunda classificação, mesmo que a maioria dos consumidores tivesse dificuldade em detectar além de pequenas diferenças em uma audição "às cegas".[2]

Há cem anos, a única forma de se ouvir música era comparecer a uma performance ao vivo. Tanto naquela época como agora, entusiastas da ópera queriam ouvir as performances dos cantores mais renomados, mas havia um limite de eventos que os músicos podiam fazer por ano. Então havia um mercado robusto para milhares de sopranos e tenores em turnês mundiais. Os músicos menos classificados ganhavam menos que os colegas melhores classificados, mas não tão abaixo. Agora as tecnologias de gravação real permitem que os fãs escutem suas óperas favoritas reproduzidas fielmente em casa. E aqueles que demandam um espetáculo de palco inteiro, agora assistem exibições em HD das performances da Companhia Metropolitana de Ópera de Nova York em cinemas ao redor do mundo. Isso enquanto companhias de opera locais têm fechado as portas.

Uma vez que críticos e audiência entram em consenso quanto a quem são os melhores músicos, o mercado das óperas gravadas e televisionadas podem se servir de apenas alguns poucos músicos. A maioria das pessoas hoje tem dificuldade em nomear mais de três tenores. Isso se dá porque o mercado não "precisa" de mais de um punhado de tenores. Uma vez que a principal gravação da performance de um tenor foi feita, é praticamente sem custos fazer cópias adicionais. Essa também é a razão de porque somente um punhado de artistas conseguem contratos com gravadoras de sete dígitos, mesmo quando tantos outros – muitos dos quais quase tão talentosos quanto eles – lutam para sobreviver como professores de música em escolas.

Algumas das mesmas forças tecnológicas que tendem a concentrar recompensas também têm exercido efeitos de compensação. Como Chris Anderson explicou em seu livro de 2006, *The Long Tail*, a tecnologia digital tem feito da música, livros, filmes e muitos outros bens, mais economicamente viáveis em uma escala muito menor que antes.[3]

Nas décadas passadas, por exemplo, um filme poderia gerar receita apenas por reunir audiências de tamanho suficiente para justificar sua exibição nos cinemas. A maioria dos mercados de nicho – pense em filmes hindus em cidades americanas medianas – simplesmente não eram viáveis. Isso mudou com o Netflix. Já que o custo marginal de enviar um filme digital é essencialmente zero, agora é possível que as pessoas assistam ao filme sem terem que montar um teatro cheio de pessoas comprando ingressos. Em princípio, pelo menos, isso cria novas e excitantes possibilidades para vendedores de baixa escala. A cauda longa, consideração de Anderson, e a consideração do "tudo ou nada" capturam aspectos importantes de como a tecnologia tem alterado a opinião das pessoas. Mas evidências preliminares sugerem que a consideração do "tudo ou nada" tem seguido as tendências observadas mais de perto.

Considere as vendas de música digital. Proponentes da cauda longa preveem que ações de mercado das músicas mais populares deveriam estar diminuindo em favor dos títulos mais fracos em vendas. Mas como a professora da Escola de Negócios de Harvard, Anita Elberse, volta a falar em seu livro de 2013, cuidadosamente pesquisado, os números sugerem outra coisa.[4] O primeiro centésimo do 1% das músicas agora respondem por uma proporção muito maior em vendas (15% em 2011, acima de apenas 7% em 2007).

As tendências para títulos fracos em vendas também têm contrariado a predição da cauda longa. A proporção de títulos vendendo menos que cem cópias anualmente, por exemplo, era 94% em 2011, acima de 91% em 2007. (Esse foi um período onde as vendas gerais quase dobraram, então as vendas desses títulos mais fracos estavam crescendo substancialmente em termos absolutos.)

As ações de mercado das principais ofertas também têm crescido nas indústrias editoriais e fílmicas, de acordo com Elberse. Em alguns casos, eles têm ganhado terreno porque a mídia social tem amplificado sua atratividade. Aqui, mais uma vez, vemos a influência dos efeitos de rede. Aritmética simples garante que trocas no Facebook são mais propensas a serem estimuladas por *posts* sobre títulos *best-sellers*.

Outro fator é que a nova tecnologia tem feito pouco para aliviar uma importante limitação do mercado – a escassez de tempo e energia das pessoas. Ninguém poderia examinar cada uma das milhares de ofertas na loja de aplicativos da Apple. E como o psicólogo de Swarthmore, Barry Schwartz, argumentou em seu livro de 2004, *The Paradox of Choice*, a maioria das pessoas acham desagradável visualizar uma miríade de opções.[5] Muitas pessoas contornam esse problema focando apenas nas opções mais populares de cada categoria.

Mas o mero fato de que os principais vendedores estão se tornando ainda mais populares não significa que a promessa da cauda longa de uma era dourada de energia criativa em pequena escala tenha sido vazia. Na verdade, tem se tornado menos custoso para produtores escolherem compradores com gostos altamente idiossincráticos, e algoritmos de busca sofisticados têm, crescentemente, permitido que tais compradores encontrem as ofertas peculiares que estão procurando.

Pessoas criativas nunca se depararam com oportunidades melhores para demonstrarem seu talento. *Links* de *websites* e YouTube colocam suas músicas e suas histórias ao alcance de quase todo mundo. Esses canais têm se tornado as novas menores ligas para produzir os *superstars* de amanhã. E pelo o custo de acesso ser tão baixo, mercados para apostas criativas estão se tornando bem mais meritocráticos do que seus correspondentes anteriores.

Esses problemas estão mais próximos de nós. Fiz minhas apostas intelectuais há um tempo na perspectiva "tudo ou nada". No entanto, eu também tenho um interesse pessoal enraizado na perspectiva da cauda longa de Anderson. Mais cedo eu mencionei *The Nepotist*, a banda alternativa liderada por meus dois filhos mais novos, Chris e Hayden. Eles ainda têm um grande caminho até fazerem as contas baterem sem a ajuda de seus trabalhos diurnos. Mas eles têm subido os degraus firmemente. Talvez eu esteja sendo tendencioso em acreditar que eles são bons o bastante para chegarem lá.[6] Se eles realmente conseguirem, recompensas maravilhosas se seguiriam. Mas eles estão bem cientes que suas chances no estrelato permanecem quase invisivelmente pequenas.

As forças regendo tendências recentes no pagamento de chefia executiva verte o foco para o quão pequenas as diferenças em performance podem se traduzir em enormes diferenças em pagamento. Considere uma empresa com dez bilhões de dólares em renda anual que afunilou sua busca por um chefe executivo em dois finalistas, um levemente mais talentoso do que o outro – pouco o bastante para, digamos, causar uma diferença de 3% no balanço da empresa. Mesmo essa minúscula diferença de talento se traduziria em um adicional de 300 milhões em ganhos. Mesmo se o melhor candidato recebesse 100 milhões, ele ainda seria uma barganha.

A influência da chefia executiva tem aumentado rapidamente enquanto as empresas expandem seu tamanho. Como os economistas Xavier Gabaix e Augustin Landier, da Universidade de Nova York, argumentaram em um artigo de 2008, o pagamento executivo em um mercado competitivo deveria variar em proporção direta à capitalização de mercado da empresa.[7] Eles descobriram que a compensação da chefia executiva em grandes empresas cresceu o sêxtuplo entre 1980 e 2003, quase o mesmo do crescimento de valor de mercado desses negócios.

Mas o crescimento em influência executiva por si só não pode explicar o crescimento explosivo nos salários executivos. As decisões tomadas por Charles Erwin Wilson, que comandou a General Motors de 1941 a 1953, teve um impacto tão grande no balanço anual da empresa quanto às decisões correspondentes do hoje chefe executivo mediano da Fortune 500. Ainda assim, o pagamento total da carreira de Wilson na GM, após ajustes inflacionários, é somente uma fração do que os principais chefes executivos ganham atualmente por ano.

Isso porque um segundo fator necessário para se explicar o crescimento explosivo no pagamento da chefia executiva – um mercado aberto para chefes executivos – não existia na época de Wilson. Até recentemente, a maioria dos conselhos corporativos compartilhavam da crença implícita que os únicos candidatos dignos de confiança para as principais posições executivas eram os empregados que haviam passado boa parte de suas carreiras na empresa. Geralmente havia um candidato interno principal para suceder o chefe executivo que estava se aposentando, e raramente mais do que alguns outros poucos eram sequer considerados dignos. Por essas circunstâncias, o pagamento da chefia executiva era um assunto de negociação bilateral entre o conselho e o sucessor escolhido.

Esse foco em quem era de dentro tem diminuído nas décadas recentes, uma mudança que se deve por uma visível contratação de fora. Esta seria a de Louis J. Gerstner, que foi contratado da RJR Nabisco para a IBM em 1993. Na época, observadores de fora estavam extremamente céticos que um chefe executivo do tabaco seria capaz de salvar uma gigantesca empresa de computadores. Mas o conselho da IBM sentia que os talentos motivacionais e gestacionais de Gerstner era justamente o que a empresa precisava e que os subordinados a ele poderiam compensar quaisquer brechas técnicas na sabedoria dele. A aposta da empresa se pagou de forma espetacular, claro, e durante os anos que se seguiram, a tendência de se contratar chefes executivos de fora cresceu na maioria das indústrias.

A maioria das empresas ainda promovem chefes executivos de dentro, mas até nesses casos, o mercado mais aberto para talento executivo tem transformado completamente o clima no qual as negociações salariais acontecem. Os candidatos internos agora podem ameaçar saírem se não forem pagos de acordo com a estimativa do mercado de seu valor econômico.

A maior quantidade de condições de mercado aberto tem afetado os salários executivos quase da mesma forma que a livre agência afetou os salários dos atletas profissionais. Chefes executivos das maiores corporações americanas, que eram pagos 42 vezes mais que o trabalhador comum em 1980, agora são pagos quatrocentas vezes mais. Então, mais uma vez, vemos a importância crescente dos aparentes pequenos eventos aleatórios que produzem pequenas diferenças na performance absoluta.

Maior competição também cria efeitos de *feedback* positivo que amplificam o crescimento de salários no topo de uma variedade de indústrias através da alteração de padrões de gastos. Tais efeitos parecem ajudar a explicar o crescimento na desigualdade entre os dentistas, por exemplo. Os dentistas cujos pagamentos têm aumentado quase drasticamente são geralmente especialistas em odontologia cosmética, cuja demanda por seus serviços tem aumentado pelos salários ainda mais altos em outras ocupações. E os dentistas mais bem pagos, por sua vez, geralmente demandam serviços dos especialistas mais bem pagos em outros campos.

Tendências recentes na distribuição de renda representam um desvio substancial naquelas observadas durante as três primeiras décadas após a Segunda Guerra Mundial, quando rendas pré-fiscais na América cresceu bruscamente no mesmo ritmo – pouco menos que 3% ao ano – para lares acima e abaixo na escala de rendas. Desde o fim dos anos 60, esse padrão tem mudado. O salário mediano por hora para homens americanos, ajustado de acordo com a inflação, é na verdade menor agora do que era antes. Rendas domésticas medianas reais cresceram bruscamente em 19% entre 1967 e 2012, principalmente pelo aumento da participação do trabalho feminino. Somente aqueles no quintil principal, cujas rendas tem dobrado desde os meados dos anos 70, escaparam a queda na renda. Da mesma forma, mudanças menos drásticas têm sido observadas na maioria dos outros países.

O quadro de aumento de renda é praticamente o mesmo em cada subgrupo da população como para a população como um todo. Por exemplo, aqueles no fim do quintil principal têm visto pouco aumento real de renda, que está concentrada, em sua maior parte, entre aqueles no topo do grupo. Rendas reais entre os primeiros 5%, por exemplo, era 2,5 maiores em 2007 do que em 1979, enquanto a renda real daqueles dentre o primeiro 1% era quase 4 vezes maior. Em 1976, apenas 8.9% da renda pré-fiscal total da nação estava sendo destinada aos assalariados dentro do primeiro 1%, mas em 2012 esse grupo estava recebendo 22.5% do total.

A narrativa do "tudo ou nada" quanto à crescente desigualdade não persuadiu a todos. Alguns críticos reclamam, por exemplo, que o aumento explosivo no pagamento de chefes executivos prova que o mercado de trabalho executivo não é competitivo de fato – que chefes executivos apontam amigos para seus conselhos, que aprovam pacotes de pagamento injustificáveis. Também nos dizem que gigantes industriais conspiram para tirar de jogo seus rivais, assim estorcendo maiores preços de consumidores cativos.

Para deixar claro, tais abusos acontecem. Mas eles não são piores agora do que costumavam ser. Como Adam Smith escreveu em *The Wealth of Nations*, "Pessoas do mesmo comércio raramente se encontram, mesmo para se divertirem e se distraírem, mas as conversas acabam em uma conspiração contra o público, ou em alguma invenção para se aumentar os preços".[8] Chefes executivos sempre apontaram pessoas que conhecem para seus conselhos, então isso não é o bastante para se explicar as recentes tendências.

Críticos também são rápidos em apontar que chefes executivos malsucedidos recebem os mesmos imensos pacote de compensação que seus correspondentes bem-sucedidos. Isso é fato em qualquer ano observado, mas a relação entre pagamento e performance emerge de forma mais clara uma vez que examinamos um horizonte mais amplo. Em cada mercado de trabalho, parece haver um valor para aqueles que realizam as tarefas mais importantes, quer sejam executivos de negócios ou treinadores e esportes profissionais. O quanto mais importante a posição de liderança, mais alto o valor. Na maioria dos domínios, é extremamente difícil prever quais candidatos se sairão melhores. Comitês de contratação geralmente apontam aqueles que consideram os melhores, e os recompensam com valores de acordo com o que uma excelente performance justificaria.

Mas empresas são ainda mais rápidas em cortar suas perdas quando a performance desaponta. Proporcional a décadas anteriores, os executivos de hoje estão numa rédea bem mais curta, e aqueles que falham em entregar o necessário são rapidamente mandados embora. Léo Apotheker, por exemplo, foi nomeado chefe executivo da Hewlett-Packard em novembro de 2010 apenas para ser demitido em setembro de 2011, após as ações da empresa terem caído bruscamente sob seu comando. Os chefes executivos das empresas S&P 500, que deixaram seus postos em 2012, tiveram, em média, um tempo efetivo menor do que seus correspondentes de 2000.[9]

Alguns atribuem a desigualdade crescente ao aumento da "valorização da qualidade", o maior pagamento que os empregadores devem oferecer para atrair o crescente número de trabalhadores qualificados que eles precisam. Sim, o diferencial de salário entre graduados e outros é maior agora do que era há 30 anos. No entanto, se olharmos para a distribuição de salários entre os graduados, veremos o mesmo padrão para a sociedade como um todo. Para a maioria dos graduados, aumento de pagamento tem sido pequeno ou não existente em décadas recentes. A recompensa para os graduados existe porque um número relativamente pequeno dos mais bem-sucedidos graduados gozaram de aumentos espetaculares durante o mesmo período.

Outros argumentam que a globalização tem aumentado a desigualdade por forçar a diminuição de salários dos trabalhadores menos especializados. Aqui, também, há uma parcela de verdade. Sindicatos, por exemplo, têm perdido um pouco de seu poder de barganha já que as empresas têm se tornado mais capazes de mover suas operações para países com salários baixos. Terceirização via internet tem colocado uma pressão similar para diminuir os salários.

Mas essas pressões globais não respondem pelo o que tem acontecido nas profissões de colarinho branco. A crescente desigualdade no topo é ainda mais drástica do que a de baixo, enquanto os mais bem remunerados gerentes, advogados, médicos e até mesmo pregadores corporativos tem se afastado do bando. Resumindo, o crescimento da desigualdade não aparenta ter resultado das imperfeições crescentes no mercado ou pelo aumento de terceirização de trabalhadores mal pagos em países em desenvolvimento.

Eventos das duas últimas décadas têm fornecido pouca razão para se duvidar que o crescimento desembestado nas rendas principais tem resultado, em grande parte, da crescente influência nas posições dos "vencedores", em harmonia com a crescente competição para se preencher essas posições. Em todas as medidas, os mercados têm se tornado mais competitivos, e a maioria dos jogadores produtivos tem recebido influência adicional desde a publicação de *The Winner-Take-All Society*, em 1995.

O que também é claro é que as forças econômicas que tem causado o espalhamento e a intensificação dos mercados "tudo ou nada" em hipótese alguma se concluiu. Podemos esperar um crescimento constante na intensidade da competição pelo melhor talento, do lado dos compradores, é pelas melhores posições, do lado dos vendedores.

Em seu livro amplamente discutido, *Capital in the Twenty-First Century*, de 2013, Thomas Piketty sugeriu ainda outra razão para essa crescente desigualdade, que é a tendência histórica para a taxa de retorno em capital investido para exceder a taxa de crescimento total para a economia.[10] Quando isso acontece, ele argumenta, a riqueza continua a se concentrar nas mãos daqueles que possuem a maioria do capital. Considerando tudo, então, aparenta-se prudente visionar um futuro caracterizado pelo crescimento contínuo da desigualdade de renda e riqueza – o que é o mesmo que dizer que é um futuro onde eventos fortuitos irão se tornar ainda mais importantes.

Pelos enormes prêmios em jogo em muitas áreas atrair tantos concorrentes, os vencedores serão, com quase sem exceção, enormemente talentosos e esforçados. Mas como veremos no próximo capítulo, eles raramente serão os *mais* talentosos e esforçados dentre o grupo de concorrentes. Veremos também que até mesmo em competições onde a sorte tem um papel minúsculo, os vencedores estarão quase sempre dentre os concorrentes mais sortudos.

A conclusão é que antes, com muito mais frequência do que nunca, eventos fortuitos aparentemente triviais dão origem a diferenças espetaculares na recompensa econômica.

4 ♠

POR QUE OS MAIORES VENCEDORES SÃO QUASE SEMPRE SORTUDOS?

O fórum *online* Reddit perguntou uma vez aos seus leitores: "Qual a coisa mais estatisticamente improvável que já aconteceu com você?". A pergunta provocou algumas respostas interessantes.

Uma pessoa escreveu, por exemplo: "Enquanto fazia uma omelete, fui atender a porta enquanto segurava um ovo. Era minha nova vizinha perguntando se ela podia pegar um ovo emprestado. O olhar confuso em seu rosto quando mostrei o ovo na mesma hora era igual ao que eu tinha. Ela o pegou e saiu sem dizer uma palavra".

Eu nunca atendi a porta com um ovo em mãos. Nenhum vizinho jamais bateu em minha porta pedindo por um emprestado. Então, com a minha idade, me sinto razoavelmente confiante que eu nunca terei essa experiência precisamente como a que foi descrita.

Com o passar dos anos, no entanto, ocasionalmente tive vizinhos batendo a minha porta para perguntar se eu podia emprestar alguma coisa, geralmente um ingrediente ou utensílio doméstico. A maioria desses pedidos aconteciam durante refeições, e não seria nem um pouco estranho se um vizinho tivesse me pedido um ovo. E já que eu geralmente uso ovos, também é fácil de se imaginar eu atendendo a porta com um ovo em mãos. Então, consigo facilmente imaginar os dois eventos acontecendo comigo. Mas as chances de os dois acontecerem ao mesmo tempo são verdadeiramente remotas. Essa é a razão pela qual nenhum de nós jamais experimentará essa corrente de eventos descrita especificamente.

Mas para nós, coletivamente, as chances dessa corrente de eventos acontecer não são nem um pouco minúsculas. Somente nos Estados Unidos existe centenas de milhões de adultos e, portanto, centenas de milhares de cafés da manhã a cada dia. Deixe vinte anos se passar e teremos mais de um trilhão de cafés da manhã durante os quais os eventos descritos poderiam ter acontecido com *alguém*. Parece seguro afirmar que com muito mais de uma – e já que estamos falando de ovos aqui, talvez até uma dúzia – de tais experiências já tenham acontecido somente nesse país.

A enorme diferença entre a probabilidade de um evento estranho acontecendo com você agora e a probabilidade do mesmo evento acontecer com outra pessoa, às vezes, embaça nossa intuição sobre eventos altamente improváveis. Na vida de qualquer pessoa, nada de incomum acontece boa parte do tempo. Ainda assim, praticamente todo mundo que viva tempo o bastante vai presenciar alguns eventos que parecem desafiar a realidade. A maioria desses eventos são apenas altamente improváveis de acontecer em qualquer dado momento. E se você encadear momentos o bastante através de pessoas o bastante, eventos que são proibitivamente improváveis em qualquer dada circunstância de repente se tornam qualquer coisa, exceto inevitáveis.

A coincidência mais estranha que já vivi pessoalmente surgiu em conexão com a minha busca pela minha mãe biológica. Não lembro de nunca ter tido o conhecimento de que era adotado, então meus pais adotivos devem ter me contado quando eu era muito novo. Eles também me disseram que sabiam seus nomes, cidades natais e outros fatos sobre meus pais biológicos e eles estavam preparados para dividir essas informações comigo a qualquer momento.

Recusei essa oferta por muitas décadas. Não que eu não estivesse curioso. Me sentia *muito* diferente dos meus pais adotivos e estava, na verdade, bem interessado em aprender mais sobre a minha origem. Ainda assim, não estava ansioso para lidar com quaisquer decepções que a descoberta sobre meus pais biológicos acarretaria.

No entanto, aos 35 anos, me senti determinado o bastante para confrontar até mesmo o pior desfecho que podia imaginar, que era ser rejeitado por pais que também eram pessoas terríveis. Então, em 1980, pedi a minha mãe adotiva para me dar qualquer informação que ela tivesse.

Assim, eu descobri que o nome de solteira da minha era Jane Garland, que ela cresceu em Cape Cod, frequentou a faculdade Smith e foi pilota transportando aviões entre bases militares na Flórida durante a guerra. Ela engravidou de um oficial naval que estava em serviço lá. Casamento não era uma opção, até mesmo porque ele já estava noivo de uma mulher na cidade onde ele cresceu. Então, Jane decidiu me colocar para adoção. De alguma forma ela conhecia meu pai adotivo socialmente, e ele a disse que conhecia um casal que estava procurando uma criança desesperadamente. Ele se ofereceu para ajudar a organizar os detalhes da adoção, sem mencionar que ele e sua esposa seriam o casal em questão.

O primeiro passo em minha busca foi ligar para a faculdade Smith para perguntar se eles poderiam me dar qualquer informação sobre o contato da ex-aluna, Jane Garland. Eles confirmaram que uma mulher com aquele nome havia, de fato, frequentado a faculdade no início dos anos 40, mas largou os estudos após um ano. Eles não podiam me dar informações quanto ao contato, mas foram capazes de me dizer que sua cidade natal era Buzzards Bay, em Massachusetts.

Então, liguei para o diretório de assistência de Buzzards Bay e perguntei se eles tinham alguma entrada sobre Jane Garland. Não, mas eles tinham outros quatro Garlands – Christopher, David, Tudor e mais um outro. Peguei todos os quatro números e decidi ligar para o Tudor primeiro. Quando uma mulher atendeu, eu disse que gostaria de falar com Jane Garland, mas não tinha certeza se tinha o número correto. "Ah, você quer dizer Jane Kramer", ela disse. "Ela agora mora em Virgínia." Quando perguntei pelo número de Jane, ela disse que não tinha, mas poderia me dar o número da filha dela, Dana. Essa foi a primeira vez que soube que tinha uma irmã. (Mais de três décadas depois eu descobri que tinha outra!)

Já que eu não sabia se Dana sequer sabia sobre mim, fiquei relutante em lhe ligar diretamente. Uma amiga historiadora de Cornell, que estava me ajudando em minha busca por Jane, se ofereceu para ligar para Dana e dizer que ela estava fazendo um estudo sobre mulheres que haviam frequentado faculdades femininas nos anos 40 e que Jane estava em uma lista aleatória. Não gostei da ideia de enganar Dana, mas me pareceu mais bondoso do que jogar essa notícia nela sem conversar com sua mãe antes, então eu concordei. Minha amiga ligou para Dana, que ficou feliz em passar o contato de Jane. Agora eu possuía tanto o número de Jane quanto seu endereço em Delaplane, na Virgínia, uma pequena cidade que eu não conseguia encontrar em nenhum dos mapas que eu tinha.

Naquele momento, eu não sabia como proceder. Eu não sabia se Jane tinha um marido, e caso sim, se ele sabia sobre mim, então me preocupei que uma carta ou ligação minha pudessem causá-la problemas. Pensei em dirigir até Delaplane e investigar um pouco por conta própria com o propósito de aprender algo mais sobre sua situação. Após pesar as possibilidades por alguns dias, eu tive, de longe, a experiência mais estranha da minha vida, antes e depois daquilo.

Na época, eu estava morando em frente a uma mulher chamada Susan Miller, que eu sabia ter crescido em algum lugar da Virgínia. Quando esbarrei nela uma tarde, perguntei se ela sabia onde Delaplane ficava. Ela empalideceu e perguntou por que eu queria saber. Ela sabia que eu estava procurando pela minha mãe e eu a disse que havia conseguido seu endereço em Delaplane, ela disse, "Eu cresci em Delaplane! Qual o nome dela??".

Quando falei, ela gritou, "Eu conheço Jane Kramer!". Ela também conhecia Dana muito bem, pois haviam sentado lado a lado durante as oito primeiras séries na Escola Hill Country Day, próxima a Delaplane, onde os assentos eram designados de forma alfabética. Susan me contou que Jane havia sido casada por um tempo com o pai de Dana, um homem chamado Mooney, e então com alguém chamado Kramer, mas que ela vivia sozinha por pelo menos vinte anos.

Armado com aquela informação, me senti livre para escrever uma carta para Jane. Eu lembro vividamente que minha principal preocupação enquanto escrevia era deixar claro que não precisava de coisa alguma. Eu tinha um bom emprego, estava em uma situação financeira saudável, não precisava de nenhum transplante de órgãos e por aí vai. Meu único desejo, eu falei, era conhecê-la e aprender um pouco mais sobre ela. Quando coloquei aquela carta na caixa dos correios, lembro de me sentir *realmente* nervoso sobre os tumultos que isso poderia gerar.

Poucos dias depois, cheguei em casa para descobrir que Jane havia ligado. Disquei seu número e quando ela atendeu eu me identifiquei. Ela imediatamente reconheceu ser, de fato, minha mãe e que estava feliz que eu havia conseguido encontrá-la, dizendo que sempre havia se perguntado sobre mim.

Ela me disse que sua filha realmente não sabia sobre mim, acrescentando que Dana sempre quis um irmão e havia recrutado vários garotos da vizinhança para agirem como tal enquanto ela crescia. Ela me disse que após receber minha carta, ligou para Dana, que estava excitada com a notícia. Conversamos por um bom tempo e, antes de desligar, eu disse que ligaria para Dana em seguida e esperava que nós pudéssemos encontrar uma oportunidade de nos reunir logo.

Quando consegui falar com Dana, ela disse que queria vir me conhecer imediatamente. Na época, ela estava trabalhando como instrutora de voo em um pequeno aeroporto perto de sua casa em Buzzards Bay, e ela perguntou se estaria OK se ela voasse para Ithaca no dia seguinte se conseguisse um voo. Claro! Ela ligou para dizer que havia organizado tudo e estaria chegando no aeroporto de Ithaca às 11 horas na manhã seguinte. Eu estava lá esperando quando vi seu avião se aproximar num céu azul límpido de junho. Ela aterrissou graciosamente e desceu da cabine com um enorme sorriso no rosto.

Que emoção conhecê-la! Meus primeiros dois filhos, que tinham doze e dez anos na época, foram os primeiros parentes consanguíneos que eu havia conhecido, mas agora eu tinha um terceiro! Ela estacionou o avião e eu a levei ao centro, para almoçarmos em um restaurante à beira mar.

Quando percebi que ela não estava comendo muito, perguntei se ela normalmente não tinha muito apetite. Ela disse que não, que geralmente ela comia bem, mas estava muito excitada para comer naquele dia. Ela então mencionou que havia cortado um quadrinho do *New Yorker* anos antes que mostrava uma mãe chinesa advertindo seu filho por não comer: "Coma seu arroz, Han Ling, você não sabe que tem crianças em West Virgínia estão passando fome?".

A maioria das pessoas não acharia muita graça do quadrinho hoje. Mas quando as pessoas da nossa idade estavam crescendo, pais raramente perdiam a chance de dizer, "Coma sua comida, você não sabia que tem crianças na China passando fome?". O que me espantou foi que eu havia cortado *aquele mesmo quadrinho* e colocado no mural do meu dormitório da faculdade há mais de quinze anos! E era um quadrinho que eu, também, mencionava ocasionalmente quando compartilhava refeições com pessoas exigentes.

Gostos em arte e humor são altamente idiossincráticos e também podem ter um componente hereditário. Então, talvez, houvesse uma fita de DNA compartilhada que fez com que nós dois reagíssemos tão fortemente àquele quadrinho. Mas não consigo pensar em uma razão similar para como a colega de classe de infância de Dana acabou morando do outro lado da rua décadas depois. As chances de alguém de Delaplane, na Virgínia, uma cidade que quase ninguém ouviu falar, ser minha vizinha em Ithaca, outra cidade que quase ninguém ouviu falar, são com certeza menores do que tirar cara vinte vezes seguidas ao jogar uma moeda. Muitos amigos que ouviram esta história insistem que a conexão deve ter sido mais do que uma mera coincidência – que deve ter sido o destino, ou o resultado de alguma intervenção divina.

Mas a real mensagem, acredito eu, é bem mais simples: se você viver tempo o bastante, você está fadado a passar por uma experiência profundamente improvável. A probabilidade de se jogar uma moeda e tirar cara vinte vezes seguidas é de aproximadamente 0.000001, o que significa, grosseiramente, que você esperaria que isso acontecesse uma vez a cada 1 milhão de tentativas. A maioria das coisas que vivenciamos na vida são resultados de uma combinação complexa de eventos, então, uma vida útil normal, que contém milhões de eventos, está fadada a incluir alguns que parecem espantosamente improváveis.

E assim acontece com as disputas que determinam quem leva os maiores prêmios econômicos da sociedade.

Junto com dezenas de milhões de outros garotos americanos, uma vez eu compartilhei do sonho de me tornar um jogador de *baseball* profissional. Mas o processo para tornar esse sonho realidade demandava ultrapassar uma série de obstáculos de crescentes dificuldades. Ao ponto que quando os jogadores chegarem ao ensino médio, a maioria já vai ter abandonado seu objetivo, voluntária ou involuntariamente. Mas mesmo a esse ponto, um enorme número absoluto continuará em sua caçada.

De acordo com a High School Baseball Web, existem mais de 450 mil jogadores nos quase 15 mil times listados pela Federação Nacional das Escolas Secundárias.[1] Dos mais de 140 mil jogadores elegíveis para a convocação de beisebol profissional a cada ano, apenas 1.500 são selecionados. E já que os trinta maiores times da liga de beisebol só podem ter 25 jogadores registrados, a maioria desses 1.500 nunca jogarão um *inning* sequer na liga principal de beisebol.

Claro, os maiores vencedores nessa disputa específica são recompensados de forma muito generosa. Em 2014, Miguel Cabrera, o primeiro receptor do Detroid Tigers, assinou uma extensão de oito anos de contrato por 248 milhões, uma média de 31 milhões por ano. Não há dúvidas de por que tantos escolhem entrar em disputas de alto risco similares.

Eventos fortuitos são mais prováveis de serem decisivos em qualquer disputa à medida que o número de concorrentes aumenta. Isso porque vencer uma competição com um alto número de concorrentes requer que quase tudo ocorra bem. E isso, em retorno, significa que mesmo quando a sorte conta apenas para uma parte trivial da performance total, raramente existe um vencedor que também não foi muito sortudo. O papel da sorte em tais disputas é aproximadamente análogo à influência do vento em certos eventos de atletismo. Estabelecer um recorde mundial em atletismo é uma conquista da mais alta ordem. Sem exceção, os atletas que os estabelecem nasceram com níveis quase sobrehumanos de talento e de disposição para encarar anos de treinamento rigoroso. Mas mesmo nesse caso, os caprichos da chance têm um papel essencial. Para estabelecer um recorde, praticamente tudo tem que correr bem.

Em quatro eventos – a corrida dos 100 metros, 110 metros com obstáculos (100 para as mulheres), salto em comprimento e o salto triplo –, as performances são afetadas em pequenas, mas mensuráveis, formas pela presença de vento contra e a favor. Por essa razão, o órgão regulador do esporte determinou que as performances são inelegíveis para recordes mundiais se elas ocorreram com um vento a favor de mais de dois metros por segundo.

Na tabela 4.1, note que dos oito atuais recordes mundiais listados, sete ocorreram com a presença de vento a favor, nenhum com o vento contra. Sete dos oito antigos recordistas também se beneficiaram de ventos a favor (a única exceção sendo os 100 metros masculinos, onde não havia vento contra ou a favor).[2]

TABELA 4.1.A INFLUÊNCIA DO VENTO EM RECORDES
MUNDIAIS NAS PERFORMANCES DE ATLETISMO

Evento Masculino	Recorde Mundial	Atleta	Data	Vento
100 m rasos	9.58 seg	Usain Bolt	16/08/2009	0.9 m/seg de vento a favor
110 m com barreiras	12.80 seg	Aries Merritt	7/09/2012	0.3 m/seg de vento a favor
Salto em distância	8,93 m	Mike Powell	30/08/1991	0.3 m/seg de vento a favor
Salto triplo	18,29 m	Jonathan Edwards	7/08/1995	1.3 m/seg de vento a favor
Evento Feminino	**Recorde Mundial**	**Atleta**	**Data**	**Vento**
100 m rasos	10.49 seg	Florence Griffith Joyner	16/07/1988	0.0 m/seg
110 m com barreiras	12.21 seg	Yordanka Dankova	20/08/1988	0.7 m/seg de vento a favor
Salto em distância	7.52 m	Galina Christyakova	11/06/1988	1.4 m/seg de vento a favor
Salto triplo	15.50 m	Inessa Kravets	10/08/1995	0.9 m/seg de vento a favor

Uma forma de se enxergar melhor como os eventos fortuitos afetam os desfechos de disputas é realizar simulações numéricas que examinam o alcance das premissas sobre a extensão sobre a qual a sorte influencia a performance. Simulações numéricas são amplamente usadas em ambas ciências sociais e físicas para ajudar os pesquisadores a entender melhor o complexo processo interativo.

Considere mais uma vez a pergunta recente sobre quão provável é tirar cara vinte vezes seguidas quando se joga uma moeda. Para algumas pessoas treinadas em teoria básica da probabilidade, é rápido calcular essa probabilidade diretamente.[3] Mas para muitos problemas complexos, soluções explícitas não são praticáveis. Em tais casos, uma forma alternativa de se proceder seria simular as condições pressupostas várias vezes e observar a frequência com a qual o evento ocorre. Para o exemplo da moeda, podemos convocar um exército de voluntários para jogar a moeda vinte vezes consecutivas um bilhão de vezes, e então estimar a probabilidade de se conseguir cara vinte vezes como a proporção das uma bilhão de tentativas que de fato resultaram em vinte caras.

Claro, não faria sentido listar voluntários para realmente jogar as moedas, já que um computador poderia facilmente ser programado para replicar o padrão de resultados que esperaríamos ver em um processo como esse. Essa é basicamente a abordagem que estou tomando para perceber o quão importante a sorte é em determinar quem irá prevalecer em uma disputa "tudo ou nada" com um grande número de concorrentes.

No apêndice 1, eu descrevo um número de simulações de tais disputas. Como eventos de atletismo, todos tomam a forma de um torneio "tudo ou nada" cujo resultado depende apenas da performance. A performance é objetivamente mensurável, e qualquer participante que tiver a performance total maior marca pontos na disputa. A performance, por sua vez, depende em níveis variados de talento, esforço e sorte.

Uma das simulações examina um caso base com 100 mil concorrentes e no qual a sorte soma apenas 2% da performance total. Os 98% restantes somam partes iguais de habilidade e esforço. Os valores de habilidade, esforço e sorte de cada participante são números independentes escolhidos aleatoriamente que têm igual probabilidade de serem qualquer um entre 0 e 100. A pontuação média de sorte dos concorrentes vencedores nessa simulação é 90.23, e 78.1% dos vencedores *não* tinham o valor total de talento e esforço combinados mais altos. Na maioria dos casos, existiram muitos outros com valores de talento e esforço combinados mais altos que os dos vencedores.

Se a sorte tem apenas um efeito muito pequeno na performance, por que é tão difícil ganhar uma grande disputa a não ser que você seja muito sortudo? Dois fatores estão envolvidos. Um é que a aleatoriedade inerente da sorte significa que até mesmo o participante mais habilidoso não tem mais probabilidade de ser mais sortudo que todos os outros. O segundo fator é que com um grande número de concorrentes, é certo haver muitos com o nível máximo de habilidades próximo e, dentre estes, pelo menos alguns ocorreram de ser muito sortudos. Com grandes números de concorrentes, então, quase sempre haverá alguém que é tão habilidoso quanto o participante mais talentoso, mas que também é significativamente mais sortudo. Então até mesmo quando a sorte é responsável por apenas uma pequena fração da performance total, o vencedor de uma grande disputa raramente será o participante mais habilidoso, mas geralmente será o mais sortudo.

As simulações descritas no apêndice 1 também nos ajuda a entender tanto os pontos fortes quanto as fraquezas da abordagem do capital humano discutidas mais cedo. Pessoas que atingem o sucesso material em grande escala serão quase sempre tão altamente talentosas quanto extremamente esforçadas, como a abordagem do capital humano sugere. Mas as simulações também deixam claro, de uma forma que a abordagem do capital humano não o faz, porque tantas pessoas extremamente talentosas e esforçadas falham em atingir qualquer medida significativa de sucesso material. Muitos deles são simplesmente menos sortudos que os vencedores.

Se as simulações desafiam nossas intuições sobre a importância dos eventos fortuitos, é, pelo menos em parte, porque nós sentimos, corretamente, que a performance depende bem mais da habilidade e do esforço do que de pequenas ocorrências aleatórias. Nossas intuições geralmente falham porque, até mesmo coisas que são altamente improváveis em qualquer exemplo específico, se tornam prováveis se existirem oportunidades para que elas aconteçam.

A maioria das coisas que acontecem na maior parte de nossas vidas com certeza não são nem um pouco estranhas. Ainda assim, na vida de quase todo mundo, pelo menos algumas coisas estranhas já aconteceram. Meu falecido colega de Cornell, Carl Sagan, descreveu um sonho vivido que ele teve uma vez, onde um parente próximo havia morrido. Quando ele ligou para casa, ele ficou aliviado em descobrir que seu parente ainda gozava de boa saúde. Mas Sagen observou que deve haver milhões de pessoas que, em algum momento, sonharam de forma vivida com alguém amado morrendo. E apenas por sorte, um pequeno número dessas pessoas realmente morreram naquela mesma noite.[4]

Sagen era um eterno cético sobre eventos sobrenaturais. Mas ele admitiu que se seu parente amado tivesse, de fato, morrido na noite de seu sonho, ele acharia difícil acreditar que era uma mera coincidência – sem contar sua consciência de que tais conjunções de eventos tão improváveis estão fadadas a acontecer com alguém.

Não é mistério algum que eventos improváveis espantosos têm o poder de, bem, espantar. Não fui ingênuo em ter me espantado ao descobrir que a colega de classe com quem minha recém descoberta irmã havia crescido em uma vila, em Virgínia, estava morando em frente a mim em Ithaca décadas depois. As chances de tal coisa acontecer *comigo* eram, claro, tão remotas quanto pareciam.

Mas a probabilidade de algo similar acontecer com *alguém*, em *algum lugar*, não é nenhum pouco pequena. Porque vivemos por um longo tempo e porque existem tantos de nós, tais eventos estão fadados a acontecerem.

Se a performance depende quase completamente de habilidade e esforço, nossas intuições nos dizem que aqueles com maior talento e disposição irão quase inevitavelmente prevalecer. Essas intuições são fortemente apoiadas pela observação de que os vencedores em áreas altamente competitivas quase sempre são, na verdade, pessoas altamente motivadas e talentosas.

Mas deixe que a sorte importe até mesmo das maneiras mais triviais e nossas intuições começam a se desmaranhar. As disputas que determinam os maiores vencedores econômicos da sociedade invariavelmente atraem um enorme número de concorrentes. Muitos, se não a maioria, deles serão enormemente talentosos e energéticos. Na maioria dos casos, contudo, aqueles que prevalecem não o teriam feito se não tivessem sido também incomumente sortudos.

Mais uma vez eu enfatizo que isso não é o mesmo que dizer que a maioria dos vencedores ganham *apenas* por serem sortudos. Em áreas altamente competitivas, a maioria não teria sido nem mesmo concorrentes realistas se eles não fossem extremamente capazes e esforçados. Seria grosseiramente injusto, então, dizer que a maioria dos vencedores não mereceram seus prêmios. Não é forçar a barra, por exemplo, chamar Bryan Cranston de um dos atores dramáticos mais merecidamente bem-sucedido dos dias de hoje, mesmo que ninguém fosse o descrever assim se John Cusack e Matthew Broderick não tivessem rejeitado o papel de Walter White, em *Breaking Bad*, antes de Craston receber a oferta. Cranston, ao seu mérito, parece ser completamente conhecedor de sua sorte. "Sorte", ele disse, "é um componente que muitas pessoas na artes às vezes falham em reconhecer: que você pode ter talento, perseverança, paciência, mas sem sorte você nunca vai ter uma carreira bem-sucedida".[5]

5 ♠

POR QUE AS FALSAS CRENÇAS SOBRE SORTE E TALENTO AINDA PERSISTEM?

Em seu livro de 2012, *The Success Equation*, Michael Mauboussin descreve um homem inspirado por uma sucessão de sonhos que acreditou que ganharia a Loteria Nacional Espanhola se conseguisse comprar um bilhete cujos dois últimos números fossem 48. Após uma longa busca, ele localizou e comprou o tal bilhete, o que de fato acabou sendo o vencedor. Quando um entrevistador mais tarde o perguntou por que ele procurou aquele número específico, ele disse, "Eu sonhei com o número sete por sete noites seguidas. E sete vezes sete é 48".[1]

O jogador da loteria de Mauboussin não atrai imagens dos atuantes disciplinados e racionais que povoam o modelo econômico tradicional. Estes modelos têm realçado nosso entendimento do comportamento humano e das instituições sociais, para se certificarem, mas eles também falham em capturar muita da loucura que vemos ao nosso redor. Por isso a economia comportamental – um esforço interdisciplinar que reúne ideias da Economia, Psicologia, Biologia e outras áreas – tem sido a especialidade da economia mais vibrante e em rápido crescimento pelas últimas três décadas.

Inspirado pelo trabalho pioneiro dos psicólogos Daniel Kahneman e o falecido Amos Tversky, esse campo tem catalogado um grande inventário de anomalias comportamentais nas quais as pessoas claramente violam as previsões e prescrições dos modelos padrões da economia.[2] É comum, por exemplo, uma pessoa se dispor a dirigir pela cidade para economizar dez dólares em um rádio relógio que custa vinte, mas não se dispor a fazer o mesmo para economizar dez em um aparelho de TV de 1000 dólares. No entanto, a economia de se dirigir até lá é de dez dólares em ambos os casos. Então, se o custo implícito da viagem fosse menos de dez dólares, uma pessoa racional iria atravessar a cidade em ambos os casos. As pessoas frequentemente explicam sua relutância em atravessar a cidade pela TV alegando que dez dólares é uma porcentagem muito pequena do preço total. Mas uma pessoa racional reconhece benefícios e custos em termos absolutos, não em porcentagens. Como Tversky, então professor de Psicologia na Universidade de Stanford, é citado por ter gracejado, "Meus colegas estudam inteligência artificial. Eu? Eu estudo estupidez natural".

Muito do estudo em economia comportamental repousa na tendência das pessoas dependerem de atalhos mentais e regras de ouro. Essas regras são amplamente adaptáveis no sentido em que o tempo e o esforço que eles poupam, mais do que compensa pela possibilidade de elas serem, de alguma forma, menos precisos do que os cálculos mais detalhados. Embora a heurística funcione razoavelmente bem na maioria das vezes, ela também produz erros sistemáticos de julgamento e atribuição em alguns contextos.

Para efeitos atuais, é de especial interesse a forma como a pesquisa comportamental tem informado nosso pensamento sobre a tendência de guardar falsas crenças persistentes. Por exemplo, por que mais da metade de nós acredita estar na primeira metade da distribuição de qualquer talento? E por que tanto de nós diminui a importância da sorte em frente a convincentes evidências do contrário? Eu argumento que uma explicação plausível é a de que as pessoas com crenças mais realistas sobre seus talentos e sobre a importância da sorte podem, na verdade, achar mais difícil reunir a disposição para superar os difíceis obstáculos que se acumulam em todos os caminhos para o sucesso.

O economista Paul Samuelson uma vez disse, "Nunca subestime a disposição de um homem que acredita em coisas lisonjeiras sobre si mesmo". Samuelson não era um economista comportamental, mas ele claramente reconhecia que a autoavaliação das pessoas era geralmente melhor do que o garantido pela evidência objetiva. Em pesquisas, por exemplo, mais de 90% das pessoas se descreveram como motoristas acima da média. A mesma autoavaliação foi relatada por mais de 80% dos motoristas entrevistados enquanto estavam no hospital se recuperando de um acidente, muitos dos quais foram causados por eles próprios.

É claro que é possível que a maioria das pessoas tenham um traço cuja medida seja mais alta do que a do traço correspondente ao resto da população que elas pertencem. Já que um pequeno número de pessoas tem menos de duas pernas e ninguém possui mais, por exemplo, a média de pernas em qualquer população humana é um pouco menos que dois. Então, a maioria das pessoas, na verdade, tem "mais pernas do que a média".

Mas é difícil até imaginar como devemos definir, que dirá calcular, uma média quantitativa de habilidades de condução. Assim, ao se intitularem "motoristas acima da média," os entrevistados mais provavelmente quiseram dizer que eles eram "mais habilidosos do que o motorista mediano". Isso, claro, seria impossível no coletivo, já que apenas metade das pessoas em qualquer distribuição podem estar na metade de cima.

Em qualquer evento, é fácil encontrar exemplos de casos nos quais adotamos crenças implausíveis sobre quão bons nós somos. Quase 70% da faculdade pesquisada em uma universidade acreditava estar entre os primeiros 25% de seus colegas a respeito de suas habilidades de ensino.[3] E outra pesquisa descobriu que 87% dos alunos em um programa de MBA de elite acredita que seu desempenho acadêmico os coloca na metade do topo de sua turma.[4]

Este padrão tem sido chamado de Efeito de Lake Wobegon, por causa da pequena cidade mítica de Garrison Keillor, em Minnesota, onde "todas as crianças são acima da média". O padrão é tipicamente mais nítido para traços ou características que são difíceis de se medir objetivamente, assim como a habilidade de condução. Apenas 2% dos alunos do ensino médio em uma pesquisa disseram possuir habilidade de liderança abaixo da média, e praticamente todos se avaliaram como melhor que a maioria em se dar bem com os outros.[5]

Falsas crenças sobre sorte também são comuns. Vencedores da loteria, por exemplo, às vezes oferecem relatos detalhados de como várias habilidades pessoais e perspicácia os possibilitaram a escolher os números vencedores.[6] Em um artigo de 1991, Charles Clotfelter e Philip Cook descreveram livros populares que aconselhavam as pessoas a como escolher seus números de loteria com base em coisas que apareciam em seus sonhos. Um dos livros, *Prince Ali Lucky Five Star*, o qual eles compraram de um vendedor próximo ao parque de Harvard, aconselhava jogar 416 caso o sonho fosse sobre maçãs, 305 após sonhos sobre insetos, 999 por aqueles sobre túmulos e 001 para sonhos envolvendo padres.[7]

Ainda assim, como qualquer pessoa familiarizada com os geradores de números aleatórios que cospem os números vencedores da loteria sabe, esforços para prever esses números são em vão. Os algoritmos são desenvolvidos para garantir que todos os números possíveis tenham a mesma probabilidade de serem sorteados. No entanto, as pessoas continuam a imaginar que possuem habilidade ou perspicácia que lhe dão uma vantagem.

Outra desconexão entre evidência e crença é a tendência das pessoas de subestimar o papel da sorte no sucesso enquanto são rápidas em aceitar a má sorte como explicação para o fracasso. O estatístico, Nassim Taleb, por exemplo, descreve como comum essa tendência entre investidores.[8] Alguns têm atribuído esse fator à suposta cognição motivadora: as pessoas querem se sentir bem consigo mesmas, e elas são mais propensas a desfrutar o brilho acolhedor de uma autoimagem positiva se elas pensarem serem altamente competentes e atribuir seus fracassos a eventos além de seus controles.

Em um artigo de 1979, traduzido como "Mais triste, porém mais sábio", os psicólogos L. B. Alloy e L. Y. Abramson forneceram apoio a essa teoria.[9] Alloy e Abramson desafiaram a então visão convencional de que pessoas depressivas sofriam propensões cognitivas que as levavam a aceitar crenças negativas irreais sobre o mundo e si mesmas.[10] No lugar dessa teoria, eles ofereceram sua hipótese da "depressão realista", de acordo com a qual as avaliações de pessoas depressivas eram na verdade mais precisas do que aquelas de pessoas ostensivamente normais.

Essa hipótese foi gerada por experimentos comparando a autoavaliação de um grupo de alunos clinicamente depressivos com aquela de um grupo de controle que não sofria de depressão. Indivíduos em cada grupo eram solicitados a realizar uma variedade de tarefas e então se autoavaliar sobre o quão bem eles as havia realizado. A autoavaliação dos alunos depressivos chegou perto da avaliação feita por observadores externos. Mas os alunos não depressivos constantemente superestimaram a qualidade de suas próprias performances em tarefas onde foram bem-sucedidos e subestimaram a importância de suas próprias performances nas tarefas onde seu desempenho foi fraco.[11]

Este artigo estimulou uma discussão considerável, e ainda não há um consenso robusto sobre suas descobertas. Mas mesmo aqueles que interpretam tais descobertas para implicar que possui falsas crenças faz as pessoas felizes a curto prazo, irão querer ficar abertas à possibilidade que tais crenças podem trazer custos significantes a longo prazo.

Esta possibilidade é enfatizada pela visão de Charles Darwin de que a seleção natural não moldou nosso sistema nervoso para nos fazer felizes, mas sim para incentivar comportamentos que estimulam a sobrevivência e a reprodução. Pessoas que acreditam que são destinadas a vencer qualquer competição que entrarem, podem entrar em várias competições que não deveriam, implicando custos que poderiam ter evitado. Aqueles que são altamente inclinados a atribuir seus fracassos a má sorte podem não ser receptivos ao tipo de *feedback* que eles precisam para melhorar sua performance. Nenhuma dessas tendências demonstram a possibilidade de promover o sucesso reprodutivo.

Dessa forma, mesmo que crenças imprecisas tendam a deixar as pessoas mais felizes, essas pessoas felizes poderiam ter sido um pouco mais bem-sucedidas, em termos puramente materiais, se suas crenças tivessem sido mais próximas da verdade. Uma possibilidade relacionada, que eu considerarei no próximo capítulo, é a de que crenças mais precisas sobre habilidade e sorte irão aumentar o apoio às políticas públicas que aumentariam as chances de todos obterem sucesso material a longo prazo.

Apesar de tais possibilidades, podem haver casos onde se apegar a falsas crenças poderia ser adaptável. O economista Michael Manove descreve um exemplo plausível. Quando requisitado para servir como vice-presidente de seu departamento, ele seguiu os passos padrões de qualquer economista, comparando suas estimativas dos custos e benefícios relevantes da posição. Mais proeminente no lado dos benefícios estava o salário anual de milhares de dólares. Manove decidiu aceitar a posição porque sua estimativa do quanto ele estava disposto a pagar para evitar os aborrecimentos inevitáveis da posição era menor que o salário.

No entanto, uma vez que já estava no trabalho por um tempo, ele percebeu que havia sido vítima do que os economistas chamam de a maldição do vencedor. Em qualquer leilão, diferentes licitantes possuem diferentes estimativas do valor do objeto em oferta, algumas mais altas do que seu verdadeiro valor, outras mais baixas. Mas mesmo que todas as estimativas sejam imparciais, para que a média das estimativas seja próxima ao real valor do objeto, o maior licitante será aquele cuja estimativa excede o real valor pela maior quantia. Manove vê sua decisão em aceitar a vice-presidência de seu departamento como uma consequência de ter subestimado os aborrecimentos do seu posto por uma margem bem maior do que seus colegas fizeram.[12]

Mas ele prosseguiu para perceber que, embora ter aceitado o trabalho o tenha feito menos feliz que seus colegas, também o fez mais rico. E na luta darwiniana por sobrevivência, o que você tem importa mais do que sua felicidade. De acordo com Manove, a moral de sua experiência foi que, otimismo ingênuo, dentro de seus limites, pode ser adaptável.

Se as pessoas tivessem estimativas realistas da magnitude de aborrecimentos que enfrentariam ao começar seus próprios negócios, poucos teriam a coragem de prosseguir. Mas tendo tomado tais riscos, as pessoas geralmente fazem tudo que podem para fazer seu negócio dar certo. A maioria daqueles que conseguem, podem, então, dever sua sorte em parte ao otimismo ingênuo.

E quanto às falsas crenças sobre a sorte? Se, como eu afirmo, eventos fortuitos estão se tornando mais importantes, por que tantas pessoas ainda insistem que eles não importam? Por enfatizar talento e esforço em exclusão a todos os outros fatores, pessoas bem-sucedidas podem estar tentando reforçar seu direito ao dinheiro que receberam. Eu terei mais a dizer sobre essa possibilidade no próximo capítulo. Aqui, eu explorarei uma visão mais caridosa, que é a de que negar a importância da sorte pode, na realidade, ajudar as pessoas a reunirem esforços formidáveis, necessários para o sucesso.

Um dos maiores obstáculos para o sucesso é uma simples característica da psicologia humana: a tendência a dar pouca importância aos eventos que ocorrem quer com incerteza ou atraso. Muitos pesquisadores argumentaram que problemas de autocontrole frequentemente levam as pessoas a escolherem recompensas imediatamente disponíveis, mesmo em frente a alternativas mais valiosas que demandam espera.[13]

Pesquisadores têm invocado essa tendência para explicar uma lista de doenças que afligem as sociedades modernas. No livro de 2011, *Willpower*,[14] o psicólogo Roy Baumeister e o escritor científico John Tierney pesquisaram evidências volumosas e persuasivas de que déficits de autocontrole subjazem diversos problemas, tais como "vício, gula, crime, violência doméstica, doenças sexualmente transmissíveis, preconceito, débito, gravidez indesejada, fracasso educacional, baixa performance na escola e no trabalho, [e] falta de exercício".[15]

Uma tendência a se enfatizar custos e benefícios atuais pode ter sido vantajosa em ambientes nos quais as pessoas sofriam ameaças imediatas a sua sobrevivência. Ainda melhor, talvez, seria focar toda sua atenção em tais desafios do que perder tempo e energia por um futuro que pode, de outra forma, nunca chegar. Mas nos ambientes mais estáveis que caracterizam a maioria das sociedades ricas hoje, se importar apenas com custos e benefícios imediatos é uma receita para o fracasso.

Considere os alunos que querem entrar em uma universidade de elite para melhorar suas chances de empregos quando se graduarem. Pela batalha para entrar nas melhores escolas ter se tornado ainda mais competitiva, eles não serão sequer considerados, a não ser que possuam notas excepcionais. Mas nem mesmo os alunos mais inteligentes conseguem notas melhores que seus colegas de sala talentosos sem um esforço considerável. E conseguir notas máximas em testes de admissão frequentemente requere longas horas de estudo intensivo complementadas por treinamento profissional caro e entediante.

Estes esforços têm que acontecer agora, ou melhor ainda, devem ter começado anos antes. Em contraste, as recompensas correspondentes chegam com anos de atraso, se é que elas chegam. Esta disparidade desencoraja o esforço atual fortemente, mesmo quando as recompensas futuras são enormes. Pelos custos de se tomar medidas serem vividos e imediatos, eles vêm rapidamente à mente. Mas se os benefícios de se tomar medidas são atrasados, eles devem ser imaginados. Então, não é mistério o fato de vários alunos evitarem essas medidas dolorosas requisitadas para se entrar em universidades altamente seletivas.

Essa tentação se torna maior quando as recompensas futuras parecem incertas. Uma narrativa que reconhece abertamente a forte ligação entre sucesso e sorte chamam atenção para essa incerteza de forma explícita. Isso pode, assim, desencorajar os mesmos esforços que são frequentemente críticos para o sucesso.

E daí o paradoxo inerente em se negar a importância da sorte: Pais que ensinam seus filhos que a sorte não importa, podem, por essa mesma razão, ter a maior probabilidade de criar filhos bem-sucedidos do que os pais que dizem a verdade. Quando as coisas ficam difíceis, como inevitavelmente ficam em quase todas as carreiras, alguém que é altamente sensível à importância da sorte pode ser mais tentado a apenas sentar e ver o que acontece.

Em ambientes competitivos, onde a perícia genuína é frequentemente uma condição essencial para o sucesso, isso é uma estratégia terrível. Em quase todos os campos, milhares de horas de prática exaustiva são requisitos para se tornar um perito.[16] Prática exaustiva significa tentar e falhar repetidamente antes de conseguir alcançar até mesmo extensões marginais de habilidade que você ainda não domina. É geralmente difícil reunir esforços para fazer isso. Se você é focado na importância da sorte, é mais provável você pensar em desculpas para evitar este esforço e, ao invés disso, esperar que o destino interfira ao seu favor. Então, se acreditar que talento e esforço é tudo o que importa faz com que as tarefas difíceis sejam mais fáceis de serem executadas, então negar a importância da sorte pode ser adaptável.

As descobertas da teoria da atribuição na psicologia oferecem suporte adicional para a possibilidade de que negar o papel da sorte no sucesso pode gerar esforço adicional.[17] Tem sido mostrado, por exemplo, que os alunos são mais propensos a persistirem em tarefas acadêmicas difíceis se eles visualizarem qualquer resultado bem-sucedido como advindo, primeiramente, de suas habilidades e esforços.[18] Dado que grande habilidade é um traço pessoal persistente, tais crenças encorajam trabalho duro contínuo no futuro. Abraçar o esforço como causa do sucesso faz sentido por razões similares, já que acontece sob controle próprio do indivíduo e pode, assim, ser recrutado para promover sucesso futuro.

Uma explicação similar sugere o porquê que as atitudes quanto ao papel da sorte no fracasso também importam, mas de forma oposta. Se fracassos passados são vistos como resultados de má sorte, não existe presunção de que futuras empreitadas serão igualmente eficientes, e, portanto, não há razão para se evitar tentar com mais intensidade quando novas oportunidades surgirem.[19]

Problemas paralelos surgem em discussões de livre arbítrio. Alguns acreditam que toda ação humana é determinada por eventos anteriores, que o livre arbítrio é, essencialmente, uma ilusão. Outros insistem que quando nos confrontamos com uma encruzilhada, sempre temos o poder de escolher qualquer caminho, mesmo que fatores externos – tais como genes, experiências, dietas e outras influências – podem fazer de uma escolha a mais provável.

Dado o nosso entendimento limitado de como o cérebro humano funciona de verdade, esse debate não será encerrado logo. Para efeitos imediatos, no entanto, isso pode não importar muito. Mesmo que isso pudesse mostrar, por exemplo, que as ações de um assassino foram completamente predeterminadas por eventos anteriores, ainda poderíamos achar prudente puni-los, já que seria menos provável que as pessoas matassem se soubessem que seriam julgadas por isso. Ao mesmo tempo, somos frequentemente complacentes em conceder uma descrição considerável aos juízes quando aplicando uma sentença, sabendo que eles exercitarão esse podem quando acharem que os réus não são completamente responsáveis por suas ações.

Dada a similaridade dos problemas envolvidos destacados, talvez não seja surpresa que a discordância das pessoas quanto ao código penal tenda a imitar sua discordância sobre a sorte. Aqueles que são mais propensos a abraçar a importância da sorte também são mais propensos a aceitar a desvantagem na infância como um fator atenuante no mau comportamento adulto.[20]

Suponha, por uma questão de argumento, que neurocientistas foram, um dia, bem-sucedidos em demonstrar que o livre arbítrio não existe, e que toda futura escolha poderia ser, na verdade, prevista de forma acurada por informações atuais. Tal informação ajudaria as pessoas a lidarem com decisões difíceis? É complexo saber como. A qualquer custo, existe evidência de laboratórios que pessoas que são tentadas por uma recompensa imediata, porém inferior, são mais propensas a sucumbir se acreditarem que suas escolhas são preordenadas.[21] Assim como com crenças sobre a sorte, então, crenças sobre o livre arbítrio podem ser adaptáveis mesmo que sejam objetivamente falsas.

Nosso entendimento sobre a cognição humana sugere razões adicionais para a tendência de se subestimar o papel da sorte no sucesso. Uma das regras de ouro que as pessoas frequentemente usam quando fazem julgamentos é a tão chamada disponibilidade heurística. Suponha que você seja perguntado: "Qual é o mais frequente: palavras em inglês que começam com a letra "r" ou aquelas que possuem a letra "r" como terceira letra?". Usando a disponibilidade heurística, a maioria das pessoas reagiria por tentar pensar em exemplos para cada categoria. Esta abordagem geralmente funciona bem, já que exemplos de coisas que ocorrem com mais frequências são, de fato, geralmente mais fáceis de resgatar da memória. E já que a maioria das pessoas acham mais fácil pensar em exemplos de palavras começando com a letra "r", a disponibilidade heurística os leva a responder que tais palavras ocorrem com mais frequência. No entanto, palavras em inglês com R na terceira posição são, na verdade, bem mais numerosas.

A disponibilidade heurística falha aqui porque a frequência não é a única coisa que governa a facilidade de se lembrar. Nós armazenamos palavras em nossas memórias de formas múltiplas – por seus significados, pelos sons que fazem e as imagens que provocam, pelas primeiras letras e por enumeras outras características. Mas praticamente ninguém armazena palavras na memória pela identidade de sua terceira letra.

A disponibilidade heurística sugere que quando construímos narrativas sobre como o mundo funciona, nós nos apoiamos mais pesadamente em informações que acontecem se forem mais acessíveis na memória. Mas isso quase garante que nossos relatos serão tendenciosos, já que alguns tipos de informação são mais facilmente acessíveis que outros. Experiências sobre coisas que vivenciamos repetidamente, por exemplo, são bem mais salientes que a informação sobre coisas que apenas escutamos ou lemos sobre com pouca frequência. Não é de se admirar, então, que quando pessoas inteligentes e esforçadas ficam ricas, é completamente natural para elas atribuírem seu sucesso somente ao talento e esforço. A maioria delas, no fim das contas, lembram vividamente do quanto se esforçaram e do quão talentosas elas são. Elas têm trabalhado duro e resolvido problemas difíceis todos os dias por muitos anos!

Elas provavelmente também sabem, em algum sentido abstrato, que elas não teriam se dado tão bem em outros ambientes. No entanto, suas experiências diárias fornecem apenas notas não frequentes para se refletir sobre o quão afortunadas elas foram por não terem nascido em, digamos, um país destroçado pela guerra, como Zimbábue.

A disponibilidade heurística influencia nossas narrativas pessoais de uma outra forma, porque eventos que trabalham para nossa desvantagem são sistematicamente mais fáceis de lembrar do que aqueles que nos afetam positivamente. Meu colega de Cornell, Tom Gilovich, evoca uma metáfora envolvendo ventos contra e a favor para descrever essa assimetria.

> Se qualquer um de vocês correr ou andar de bicicleta, vocês vão saber que quando estiverem correndo ou pedalando ao vento, vocês estarão cientes dele. Você mal pode esperar para mudar de direção e ter o vento a suas costas. Quando isso acontece, você se sente ótimo. Mas quando você esquece sobre isso rapidamente – você não está ciente do vento a suas costas. E essa é apenas uma

característica fundamental de como nossas mentes funcionam. Nós simplesmente estaremos mais cientes das barreiras do que das coisas que nos impulsionam.[22]

Até mesmo ciclistas que se beneficiam de um vento a favor frequentemente sentem que estão contra o vento. Alguém pedalando a 18km por hora, na mesma direção de um vento a 12km por hora, por exemplo, pode, na verdade, sentir um vento de 4km por hora no rosto.

Gilovich aponta que uma pesquisa no Google sobre "vento contra" fornece inúmeras imagens como esta que capturam o conceito vividamente:

Vento contra – fácil de ilustrar.

Mas uma busca por imagens de "vento a favor" fornece resultados muito diferentes. Como Gilovich explica,

> Você tem que representar [o conceito] esquematicamente, você não consegue capturar ele em uma imagem. E o que é real fotograficamente é também real psicologicamente. O que é dizer, já que somos organismos perseguidores de objetivos, solucionadores de problemas, naturalmente seremos orientados em direção às barreiras que devemos superar... nós rapidamente visualizamos as vantagens que outros aproveitam (e nós não) e as dificuldades que enfrentamos (e os outros não), enquanto felizmente cegos para nossas próprias vantagens e os problemas dos outros. E, sendo as máquinas de tirar conclusões que somos, estamos inclinados a manipular as evidências para formar uma narrativa "eu vítima"/ "eu merecedor".[23]

Gilovich e seu coautor, Shai Davidai, ilustram a assimetria vento contra/vento a favor entrevistando pessoas que acabaram de jogar *Wordical*, um jogo estilo palavras cruzadas, onde cada jogador sorteia letras aleatórias para formar palavras. Como em todos os jogos do tipo, o jogador mais habilidoso em qualquer par será o vencedor com mais frequência a longo prazo. Mas em qualquer partida, um jogador menos habilidoso pode dar sorte, derrotando um oponente mais habilidoso tirando letras melhores. Os pesquisadores pediram aos participantes para identificar as cinco melhores letras e as cinco piores no jogo (em termos de troca entre as letras que são fáceis de usar para formar palavras, mas marcam poucos pontos e aquelas com as propriedades contrárias). Os participantes foram então pedidos para estimar a frequência relativa das letras extremas sorteadas em cada categoria, tanto por eles mesmos como por seus oponentes. Já que existe cinco letras de cada tipo, nós esperamos uma média de 50%-50%. Os jogadores estimaram que eles haviam sorteado um número praticamente igual de letras extremas de cada tipo, consistente com a expectativa. No entanto, eles também acreditavam que 56% das letras sorteadas por seus oponentes estavam na melhor categoria – efetivamente superestimando a parcela de melhores letras de seus oponentes por mais de 10%.[24]

Exatamente metade dos participantes saíam vencedores desse jogo, a metade restante, perdedores. E já que os jogadores acreditam, em média, que seus oponentes haviam sorteado letras mais favoráveis, os vencedores aparentam acreditar, pelo menos implicitamente, que sua habilidade superior os permitiu vencer, apesar da sorte de seus oponentes.

Dizer que nós tendemos a superestimar nossa própria responsabilidade por qualquer sucesso que desfrutamos na vida não é dizer que não devemos nos orgulhar dos nossos feitos, mesmo daqueles que nunca teriam acontecido sem a ajuda da sorte ou outro evento externo. Isso é porque o orgulho de uma conquista é, frequentemente, uma das motivações mais poderosas para se despender o esforço necessário para ser bem-sucedido.

Também é perfeitamente inteligível que a maioria de nós se sinta no direito a receber crédito por possuir uma habilidade a qual fizemos nada para ganhar. Alguns meses atrás, um aluno de graduação, que eu ensinei durante os anos 80, me pediu para comentar em um artigo sobre saúde pública que ele havia escrito. Ele e eu havíamos jogado juntos no time de softbol do departamento, e seu *e-mail* continha essa frase: "Lembro de você não apenas como um grande professor, mas talvez o possuidor do melhor braço de arremesso que já vi em um campo de softbol!". Pode ter havido um pouco de lógica no prazer que senti em ser lembrado como um bom professor, já que havia investido um esforço significativo nos meus cursos. Mas não posso dizer o mesmo sobre o calor provocado por seu comentário sobre meu braço de arremesso.

Aquela não era uma habilidade que eu desenvolvi por esforço. O fato de que eu sempre pude arremessar uma bola mais longe do que qualquer colega era apenas um acidente de DNA. No entanto, essa compreensão fez pouco para reprimir o prazer que senti ao ler aquela frase. Esta é, aparentemente, a maneira como a psique humana é formada. E pode ser algo bom, já que aqueles que sentem prazer em serem bons em algo, seja talento adquirido ou não, são mais propensas a encontrar áreas nas quais podem competir com sucesso.

Estudos de laboratório realizados por psicólogos dão suporte à sabedoria popular de que liberais são mais propensos a aceitar o papel da sorte na vida do que conservadores.[25] Mas existem inúmeras exceções a esse padrão, e as diferenças entre visões opostas são frequentemente mais matizadas do que o relato popular sugere. David Brooks, um colunista de opinião centro-direita do *New York Times*, capturou bem o meio termo em um artigo publicado durante a campanha eleitoral de 2012. Ele começou citando uma carta que ele disse ter recebido de um empresário de Ohio:

Querido Sr. Homem de Opinião

Ao longo dos últimos anos eu construí um negócio bem-sucedido. Trabalhei duro e estou orgulhoso do que fiz. Mas agora o presidente Obama me diz que forças políticas e sociais me ajudaram a construir isso. Mitt Romney foi a Israel e disse que forças culturais explicam as diferenças nas riquezas das nações. Estou confuso, quanto do meu sucesso sou eu e quanto do meu sucesso vem de forças externas?

Confuso em Columbus

Brooks respondeu que a melhor forma de se pensar sobre o papel das forças externas depende de onde você se encontra no ciclo da vida e se você está olhando para frente ou para trás. Seu conselho específico para o Confuso em Columbus:

Você deve se considerar o único autor de todas suas futuras conquistas e um beneficiário agradecido por todo seu sucesso passado... Com o passar da vida, você deve passar por diferentes fases pensando sobre o quanto de crédito você merece. Você deve começar sua vida com a ilusão de que você está completamente no controle do que faz. Você deve terminar a vida com o reconhecimento de que, contudo, você teve mais do que merecia... Como um executivo ambicioso, é importante que você acredite que merecerá crédito por tudo o que você conquistar. Como ser humano, é importante que você saiba que isso não faz sentido.

Na mosca, Sr. Brooks!

Como F. Scott Fitzgerald observou, "O teste de uma inteligência de primeira classe é a habilidade de se ter duas ideias opostas em mente ao mesmo tempo e ainda reter a habilidade de funcionar". Por esse teste, pensar de forma clara sobre a sorte demanda um nível extremamente alto de inteligência, por requerer que nós aceitemos as visões fortemente contraditórias sobre o assunto tidas por pessoas em pontos diferentes ao longo do espectro político. Mas o desafio se faz menos assustador pelo fato de que ambas as visões incorporam elementos essenciais da verdade.

6 ♠

O FARDO DAS FALSAS CRENÇAS

Se você compartilha da minha visão de que a prosperidade material é algo bom, existe uma dimensão de sorte pessoal que transcende todas as outras, que é ter nascido em um país altamente desenvolvido. Não importa o quão talentoso e ambicioso você seja, sucesso material é apenas uma possibilidade remota nos países mais pobres do mundo.

Lembre-se da minha descrição de Birkhaman Rai, o jovem de uma tribo butanesa que trabalhou como meu cozinheiro há um tempo durante minha estadia no Nepal como voluntário do Corpo da Paz. Por ele não saber ler ou escrever, não pude manter contato com ele quando retornei para os Estados Unidos, mas me pergunto frequentemente o que aconteceu com ele. Ele era tão talentoso e autossuficiente quanto qualquer pessoa que já conheci, no entanto ele provavelmente nunca conseguiu ganhar sequer a pobre renda média do Nepal, atualmente algo menos que $1,500 dólares por ano.

Se ele tivesse nascido aqui, é quase certo que ele seria, hoje, altamente próspero, talvez até rico. Se ele ainda está vivo, estaria nos seus 70 anos, bem além da expectativa de vida para homens no Nepal. Tendo nascido aqui, contudo, ele poderia esperar muitos anos a mais de boa saúde e prosperidade.

Claro, indivíduos não podem escolher os ambientes onde nascem. Mas a sociedade como um todo pode moldar esses ambientes de formas significativas. Fazer isso, no entanto, requer níveis intensos de investimento. Nós que nascemos em países altamente desenvolvidos somos, com isso, beneficiários sortudos de séculos de investimentos intensivos por aqueles que vieram antes de nós.

Contudo, em décadas recentes, estes investimentos têm caído. Um relatório de 2013 da Sociedade Americana de Engenheiros Civis estimou que os Estados Unidos se deparava com uma reserva de $3.6 trilhões de dólares em manutenção essencial para as infraestruturas existentes.[1] Estradas esburacadas e pontes inseguras são comuns através do país, assim como sistema de água e esgoto deficientes. Milhões vivem em barragens que podem desabar a qualquer momento. Inúmeros prédios escolares estão em ruínas.

Também fizemos pouquíssimo para expandir e melhorar a infraestrutura existente. Marrocos, um país cuja renda *per capita* é quase um décimo da dos Estados Unidos, está quase completando um trilho de alta velocidade de 350km que liga Casablanca e Tânger. Trens nessa linha viajarão a 320km por hora. Nos Estados Unidos, que possui os corredores de trilhos mais densamente populosos do mundo, as propostas para se construir um trilho de alta velocidade são consistentemente rejeitadas no Congresso. Os trens mais rápidos ao longo do nosso corredor nordeste têm uma média de 130km por hora.

Ainda mais preocupante é o apoio à educação pública ter diminuído drasticamente em décadas recentes. Usando os dados de receita e gasto do Centro Nacional de Estatísticas Educacionais *Delta Cost Project Database*,[2] um estudo cuidadosamente documentado estima que a redução de financiamento do estado representa 80% dos mais de $3.000 dólares de aumento da década passada na média da mensalidade anual de universidades públicas.[3] Mais de 70% dos alunos se graduando de faculdades num período de quatro anos em 2014 tiveram empréstimos estudantis que chegavam a média de $33.000 dólares.[4]

Ainda mais perturbador tem sido o padrão de redução de investimento a favor das crianças de lares com baixa renda. Os pais das crianças mais acima na escala de renda têm como compensar pelos cortes de orçamentos e programas que vêm ocorrendo nas escolas públicas. Eles podem mandar seus filhos para escolas particulares, ou pagar por aulas privadas de música, treinamento atlético e cursos preparatórios de vestibular. Ou eles podem matricular seus filhos em programas pagos nas escolas públicas. Estas opções estão além do alcance para lares de baixa renda.

Muitos fatores têm contribuído para o nosso fracasso em manter níveis históricos de investimento público, mas um, em particular, se destaca: as demandas dos cidadãos de serviços do governo ultrapassaram as receitas fiscais. Este fenômeno, por sua vez, possui várias causas, dentre elas o aumento drástico dos cuidados de saúde e as pensões associadas à população idosa.

Mas um fator contribuinte adicional, como os dados na tabela 6.1 sugerem, tem sido um declínio a longo prazo da principal taxa marginal – uma tendência que tem ocorrido em muitos países ao redor do mundo.

TABELA 6.1.TAXAS MÁXIMAS DE TAXA MARGINAL NA RENDA INDIVIDUAL

	1979	1990	2002
Argentina	45	30	35
Austrália	62	48	47
Áustria	62	50	50
Bélgica	76	55	52
Brasil	55	25	28
Canadá (Ontário)	58	47	46
Dinamarca	73	68	59
Egito	80	65	40
França	60	52	50
Alemanha	56	53	49
Grécia	60	50	40
Hong Kong	25*	25	16
Índia	60	50	30
Irlanda	65	56	42
Israel	66	48	50
Itália	72	50	52
Japão	75	50	50
Coréia do Sul	89	50	36
México	55	35	40
Países Baixos	72	60	52
Nova Zelândia	60	33	39
Noruega	75	54	48
Portugal	84	40	40
Porto Rico	79	43	33
Singapura	55	33	26

	1979	1990	2002
Espanha	66	56	48
Suécia	87	65	56
Peru	75	50	45
Reino Unido	83	40	40
Estados Unidos	70	33	39

Fonte: *PricewaterhouseCoopers*, Escritório Internacional de Documentação Fiscal.

*A taxa máxima de Hong Kong (a "taxa padrão") tem sido normalmente 15%, superando efetivamente a taxa marginal em níveis de renda alta (em troca de nenhuma isenção pessoal).

Muitos cortes de impostos foram adotados na esperança de simularem um crescimento econômico o bastante para prevenir um declínio no imposto fiscal como um todo, mas não funcionou desta forma. O Escritório de Orçamento Congressional apartidário estimou que o resultado dos cortes de imposto de George W. Bush era reduzir a receita federal em 2.9 trilhões de dólares entre 2001 e 2011. E em um artigo do *New York Times* amplamente citado, Bruce Bartlett, um conselheiro econômico sênior nas administrações de Ronald Reagan e George H. W. Bush, argumentou que o verdadeiro déficit de receita causado pelos cortes de Bush era consideravelmente maior.[5] Se Bartlett está correto, esse déficit teria sido o suficiente para eliminar nossa reserva estimada atual de infraestrutura.

Se ter nascido em um bom ambiente é uma das coisas mais sortudas que pode acontecer a qualquer um, é uma falha apreciar a importância da sorte que fez o máximo para minar nosso estoque coletivo de sorte. Isso é porque a falha em apreciar a importância da sorte tem feito das pessoas bem-sucedidas mais relutantes a pagar impostos requeridos para apoiar os investimentos necessários para manter um bom ambiente. Como veremos, crenças mais realistas sobre sorte não só tornariam mais fácil criar e manter ambientes que sustentariam a sorte de futuras gerações, elas também melhorariam os padrões de vida material de até mesmo os membros mais bem-sucedidos da sociedade.

Mas, primeiro, uma palavra sobre o significado de "melhor padrão de vida material". Muitos interpretam a expressão como "ter mais coisas". Mas realmente significa algo bem mais geral, que é ser capaz de alcançar mais completamente os objetivos com os quais nos importamos. Isso pode incluir ter mais coisas, mas também incluiria ter ar mais limpo, ruas mais seguras, mais tempo para passar com a família e os amigos e uma gama de outras coisas intangíveis valiosas.

Ninguém contesta que uma mistura entre o consumo público e privado é necessária para que as pessoas atinjam objetivos básicos. Como apontado no capítulo um, por exemplo, carros são quase inúteis sem estradas, e estradas são quase inúteis sem carros. Mas existe muito desacordo sobre o que constitui a melhor mistura entre consumo público e privado. O fato dos americanos estarem dirigindo os melhores carros já produzidos em estradas que são cheias de buracos, sugere que o nosso balanço atual entre carros e estradas está longe de ser efetivo. Pelas despesas adicionais em carros, além de um certo ponto, produzirem apenas melhoras marginais na performance, poderíamos gastar menos com carros sem abrir muito mão de valor, liberando dinheiro que poderia manter as estradas. O resultado seria uma melhora significativa na experiência automobilística em geral de quase todo motorista. Não importa o quão rico você fosse, você iria preferia dirigir um Porsche 911 Turbo de $150.000 dólares em uma rodovia bem cuidada do que uma Ferrari Berlinetta de $333.000 dólares em uma estrada esburacada. Então, por que tantos motoristas ricos continuam a favorecer impostos mais baixos, mesmo sabendo que isso significa uma maior degradação na infraestrutura da nação?

Esta estranha postura, acredito eu, é explicada por uma combinação de dois erros cognitivos. Uma é a aparentemente plausível, mas essencialmente falsa, crença de que impostos mais altos tornariam significativamente mais difícil comprar o que eles quisessem. O outro é a tendência discutida no capítulo anterior, de que pessoas bem-sucedidas subestimam a importância da sorte em suas próprias vidas. Ambos os erros tornam mais difícil perceber e apreciar as possíveis atrações dos serviços públicos de alta qualidade financiados por altos impostos. Considerarei eles a seguir.

O primeiro erro foi demonstrado vividamente durante uma conversa de almoço há anos com um dos meus colegas. Quando ele perguntou se eu sabia sobre todos os impostos que o presidente Obama tinha na manga para nós e eu disse que não sabia, ele ficou chocado com a minha ignorância. Eu expliquei que simplesmente não fazia sentido que pessoas como nós se preocupassem com tais coisas. Quando ele perguntou o porquê, eu comecei confirmando que ele concordava comigo que não havia possibilidade de o governo decretar mudanças fiscais que ameaçariam nossa habilidade de comprar o que precisarmos.

(Ele e eu somos autores de livros didáticos amplamente adotados, o que numa cidade como Ithaca significa que nós não gastamos tanto quanto ganhamos.)

Eu então perguntei se ele estava preocupado que os altos impostos tornariam mais difícil comprar o que queríamos. Sim, esta era exatamente sua preocupação! Mas já que todas as nossas necessidades básicas já haviam sido satisfeitas, os tipos de coisas que pessoas como nós querem é, na maioria, coisas das quais não existe o bastante – por exemplo, uma casa com uma vista maravilhosa do lago ou uma boa vaga na doca. Para conseguir tais coisas, temos que cobrir o lance de pessoas como nós que também as querem, pessoas com gostos e rendas similares. Então, se o governo aumentar os nossos impostos, os impostos dessas outras pessoas vão subir também. E isso essencialmente não afeta a guerra de apostas que determina quem consegue as coisas. As casas com as melhores vistas e vagas na doca vão para as mesmas pessoas de antes.

Resumindo, os efeitos de uma baixa na renda pós-imposto de qualquer pessoa são drasticamente diferentes das baixas de um modo geral. Se apenas você vive uma baixa em sua renda, você não é menos capaz de comprar o que quer. Mas quando a renda de todos sofre uma queda simultânea, o poder relativo de compra não é afetado. E é o poder relativo de compra que determina que consegue as coisas escassas.

Já que a vasta maioria das baixas em renda que as pessoas vivenciam – seja pela perda de emprego, ou um divórcio, ou um incêndio em casa – são perdas que afetam apenas elas, a disponibilidade heurística nos leva a crer que altos impostos são como qualquer outra perda na renda. Se você perde seu trabalho, você realmente *fica* menos capaz de apostar de forma bem-sucedida por uma casa com vista. Mas quando a renda de todos cai – como acontece com o aumento de impostos – é uma história completamente diferente.

Assim como a falha em se apreciar a distinção entre baixas em rendas unilaterais e de forma geral, subestimar o papel da sorte também é uma tendência completamente entendível. Como discutido anteriormente, quando pessoas inteligentes e esforçadas ficam ricas, é natural para elas atribuírem seu sucesso apenas ao talento e esforço.

Ambos os erros cognitivos também tornam mais difícil angariar a receita necessária para sustentar os ambientes onde tivemos sorte de nascer. Isso se dá porque negligenciar o papel da sorte faz com que aqueles que tiveram êxito nos mais altos níveis se sintam no direito de manter a maior parte da renda que ganharam.

Uma evidência para essa alegação vem de experimentos laboratoriais envolvendo jogos de aposta entre estranhos. Uma versão, o "jogo do ultimato", tem dois jogadores, o líder e o receptor. É dada ao líder uma quantia – digamos 100 dólares – e lhe é dito que proponha uma divisão dela entre ele e o receptor. Qualquer combinação que some cem dólares é permitida, desde que o receptor seja oferecido pelo menos um dólar. O receptor pode aceitar a oferta, nesse caso o dinheiro é dividido como proposto; ou ele pode rejeitar, nesse caso, os 100 dólares voltam para a banca e cada jogador fica com zero. Os dois jogadores só interagem uma vez, descartando a possibilidade de estabelecer uma reputação como um apostador difícil.

Se cada jogador fosse puramente interessado, a melhor jogada do líder seria oferecer um dólar ao receptor e ficar com os 99 para si. Um receptor puramente interessado aceitaria esta oferta, percebendo que um dólar é melhor do que nada.

Em milhares de repetições desse experimento, no entanto, a maioria dos líderes não oferecem divisões tão unilaterais. Muitos, na verdade, fazem ofertas de 50%. Isso pode refletir preocupações quanto à justiça ou generosidade, mas também pode resultar do medo que os receptores rejeitem ofertas altamente desiguais. E com toda certeza, na minoria dos casos onde os líderes fazem ofertas extremamente unilaterais, as rejeições são comuns.

Uma variante desse experimento nos permite focar especificamente em falsas crenças sobre a sorte.[6] Como antes, existe um líder e um receptor que devem dividir uma dada quantia. Mas, dessa vez, é primeiro mostrado aos dois jogadores uma tela de computador com uma grande e aparente igual quantia de pontos distribuídos em cada lado de uma linha vertical. Eles são questionados se existe mais pontos na direita ou na esquerda, e então recebem quatro possíveis combinações de *feedback*: os dois jogadores responderam corretamente, os dois responderam incorretamente, o líder estava correto enquanto o receptor estava errado, ou o líder estava errado e o receptor estava correto. Sem o conhecimento dos jogadores, o *feedback* é, na verdade, gerado aleatoriamente e não carrega qualquer relação com a verdadeira performance dos jogadores. Resumindo, os jogadores são levados a crer que os resultados refletem seus respectivos níveis de habilidade, mas na verdade eles são puramente aleatórios.

Como esperado, os pesquisadores descobriram que quando era dito aos jogadores que o líder estava correto e o receptor errado, os líderes faziam ofertas significativamente mais unilaterais a seu favor, as quais os receptores eram significativamente mais suscetíveis em aceitar. O oposto se aplicava quando lhes era dito que o líder estava errado e o receptor correto. Mas as diferenças em comportamento eram altamente assimétricas. Quando era dito aos líderes que eles estavam corretos e os receptores incorretos, eles reivindicavam uma parcela muito maior para si do que quando sabiam que ambos tinham tido performances iguais. Mas quando era dito aos líderes que eles estavam incorretos e os receptores corretos, eles ofereciam apenas um pouco menos para si do que quando lhes era dito que ambos haviam tido resultados iguais. Falsamente acreditar serem mais habilidosos lhes dava, aparentemente, um poderoso senso de reivindicar a maior parte, enquanto falsamente acreditar serem menos habilidosos tinha um efeito muito menor.

Minha assistente, muito capaz, Yuezhou Huo, desenvolveu uma simples pesquisa que lança luz adicional em como se focar na importância de fatores externos pode afetar a boa vontade das pessoas de contribuir para o bem comum. Ela começou por pedir aos sujeitos, recrutados *online* pela plataforma de trabalho *Amazon's Mechanical Turk*,[7] que lembrassem de uma coisa boa que lhes tinha acontecido recentemente. Então, ela pediu a um grupo para listar fatores externos fora de seu controle que haviam contribuído para o evento, a um segundo grupo que listasse qualidades pessoais ou coisas que eles haviam feito, e a um grupo de controle que simplesmente listasse a coisa boa que lhes aconteceu.

Os sujeitos em cada grupo recebiam 50 *cents* por se inscreverem e lhes era prometido mais um dólar se completassem o experimento. Ao fim da pesquisa, ela oferecia aos sujeitos dos três grupos a oportunidade de doar uma parte ou todo o dólar adicional para uma entre três caridades (eles escolheriam entre *Planned Parenthood*, *World Wildlife Fund* e *Doctors without Borders*).

Como mostrado na figura 6.1, os sujeitos que haviam sido pedidos para relembrar um bom evento e dizer as causas externas – muitos dos quais mencionaram a sorte de forma explícita, ou citaram fatores como cônjuges que lhes apoiaram, professores prestativos e ajuda financeira – doaram uma quantia 25% maior do que aqueles que foram pedidos para dar causas internas para explicar seus eventos. Membros deste grupo mencionaram fatores como esforço, determinação e decisões calculadas. As doações dos sujeitos do grupo de controle estavam praticamente entre os outros dois, como veremos, essas descobertas são consistentes com aquelas feitas por psicólogos, com um grande grupo de pessoas, que estudaram como o sentimento de gratidão afeta o comportamento das pessoas.

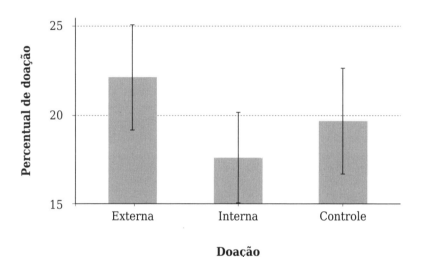

FIGURA 6.1. PENSAR SOBRE SUA BOA SORTE DEIXA AS PESSOAS MAIS GENEROSAS.

Externa: média = 22.14, Número de sujeitos = 93;
Interna: média = 17.61, Número de sujeitos = 108;
Controle: média = 19.67, Número de sujeitos = 100.

A falha em se reconhecer o papel da sorte no sucesso pode também aumentar a relutância em se pagar impostos por reforçar o sentimento natural de direito sobre a renda produzida por seu próprio trabalho. Como o filósofo britânico do século XVII, John Locke, escreveu, "todo homem tem uma propriedade em si. Ninguém tem direito a isso se não ele mesmo. O trabalho do seu corpo e o produto de suas mãos, podemos dizer, são devidamente dele".[8] Com essas palavras, Locke se tornou o padroeiro dos resistentes a impostos ao redor do mundo.

Esse sentimento de direito aos frutos de seu próprio trabalho se deve muito ao fenômeno conhecido como aversão à perda. Uma das descobertas mais confiáveis na economia comportamental, a aversão à perda se refere ao fato que as pessoas lutarão com mais afinco para evitar uma perda do que fariam para obter um ganho da mesma quantia.[9] Já que a maioria das pessoas bem-sucedidas trabalham com afinco pelo dinheiro que recebem, isso lhes dá a sensação de posse, e faz com que a cobrança de impostos pareça um roubo.

Mas equiparar a cobrança de impostos a roubo é difícil de se defender. Um país sem impostos não poderia mobilizar um exército, afinal, e logo seria invadido por um que tivesse. Seus moradores, então, teriam que pagar impostos para este país. Um país sem impostos obrigatórios é a analogia política de um isótopo altamente instável na química.

Os filósofos, Liam Murphy e Thomas Nagel, argumentaram que nunca houve qualquer presunção de que os cidadãos possuam direito moral de manter suas rendas por completo sem taxação de impostos.[10] Os governos oferecem serviços que os cidadãos valorizam, e esses serviços devem ser pagos. Legisladores eleitos em qualquer democracia votam sobre o valor dos impostos e os cidadãos têm direito de manter somente o valor da sua renda após a taxação. Não é preciso dizer que poucas pessoas realmente gostam de pagar impostos. No entanto, um mundo sem impostos seria demonstravelmente pior.

O crescimento de déficit orçamentário do governo ao redor do mundo tem resultado, em grande parte, das demandas dos que recebem mais pelo corte de impostos. Alguns têm advogado que tais cortes seriam parte de uma estratégia para "matar a fera de fome", na qual privar o governo de receita iria, supostamente, eliminar gastos desnecessários. Mas programas governamentais existem porque constituintes importantes os querem e são, portanto, difíceis de serem cortados. Cortes, quando acontecem, ocorrem tipicamente não onde faria mais sentido, mas onde os que sofreriam com eles não são capazes de revidar. Um resultado importante desses déficits tem sido, então, reduzir nosso investimento no futuro. Os cidadãos não nascidos que sofrerão como resultado são incapazes de protestar. Com dezenas de milhões de pessoas nascidas após a Segunda Guerra programadas para se aposentar nos próximos anos, especialistas fiscais advertem que não seremos capazes de balancear nossos orçamentos e fazer investimentos essenciais progredirem sem uma substancial nova receita. E já que a maioria dos ganhos de renda durante as últimas quatro décadas tem se acumulado na mão daqueles que estão no topo da escada, a maioria dessa receita teria que vir dos mais abastados. Como disseram que Willie Sutton respondeu a porquê assaltava bancos, "É onde o dinheiro está".

Podemos assumir que aqueles que são mais conscientes da importância da sorte em suas vidas são também mais propensos a serem gratos por qualquer sucesso que desfrutarem. Como pode tal sentimento afetar a boa vontade deles de manter a infraestrutura que os ajudou a serem bem-sucedidos? O psicólogo da Universidade Northeastern, David DeSteno, conduziu uma variedade de experimentos sobre gratidão que ajuda a responder essa pergunta.

Em um estudo amplamente citado, por exemplo, ele e seus coautores idealizaram uma manipulação inteligente para fazer um grupo de sujeitos laboratoriais se sentirem gratos, e então os deram a oportunidade de praticar atos que beneficiariam outros em detrimento próprio.[11] Os sujeitos foram divididos entre um grupo de tratamento (nos quais o sentimento de gratidão foi induzido), e um grupo de controle (onde não houve tentativas de induzir tal sentimento). Ambos os grupos foram primeiramente colocados em frente a terminais de computadores individuais e pedidos que registrassem se as letras que apareciam na tela constituíam palavras na língua inglesa. A tarefa foi desenvolvida para ser tediosa, e foi requisitado dos sujeitos que a realizasse o mais rápido possível antes que fossem movidos para a segunda fase do experimento.

Quando aqueles no grupo de tratamento haviam completado sua tarefa e esperavam pelo *feedback* sobre sua performance, seus computadores, aparentemente, pararam de funcionar. Nesse momento, uma aliada dos pesquisadores, que estava sentada a um computador próximo, perguntou se podia ajudar, explicando que ela havia conseguido "reanimar" um dos computadores do laboratório quando este parou de funcionar durante sua participação em um experimento anterior.

Em todos os casos, o sujeito aflito aceitou a oferta de ajuda. Após realizar uma série de digitações, a aliada "consertou" o computador, que reiniciou com os resultados intactos da primeira tarefa do sujeito. Um questionário de saída depois confirmou que essa manipulação fez com que os sujeitos no grupo de tratamento demonstrassem gratidão pela ajuda que pensavam ter recebido. Um grupo de controle passou pela mesma sequência, mas sem vivenciar a falha do computador. Nesses casos, um aliado conversou brevemente com os sujeitos sobre um tópico neutro antes que ambos prosseguissem para o próximo estágio do experimento.

Foi pedido, então, aos sujeitos dos dois grupos, tratamento e controle, que jogassem um jogo de economia que sondava sua boa vontade em tomar decisões custosas para o bem comum. Era lhes atribuído parceiros e cada um, inicialmente, recebia quatro fichas que poderiam ser trocadas por um dólar cada, se eles a mantivessem, ou por dois dólares, se eles as transferissem para seus parceiros. O melhor resultado seria para cada par transferir todas as suas fichas para seu parceiro, o que lhes daria oito dólares.

Mas os jogadores não tinham permissão para discutir suas escolhas, então, transferir todas as suas fichas era uma jogada arriscada, já que não havia garantias de que seus parceiros fariam o mesmo. Jogadores puramente egoístas estariam, então, tentados a manter suas quatro fichas, ganhando pelo menos quatro dólares (comparado a nada que receberiam caso transferissem as quatro e seu parceiro transferissem nenhuma), e o máximo de doze dólares (se seu parceiro transferisse todas as quatro fichas). O número de fichas que cada jogador escolhesse transferir seria, então, uma boa medida do seu zelo pelo bem-estar público. Cada par jogou apenas uma vez, eliminando assim a possibilidade de retaliação em rodadas futuras. Era dito aos jogadores que seus parceiros se encontravam em uma sala diferente, ao computador, e à metade dos sujeitos tanto do grupo de tratamento como do grupo de controle era dito que eles haviam sido pareados com a pessoa com quem conversaram mais cedo durante o primeiro estágio do experimento (o aliado). Aos sujeitos restantes, era lhes dito que seus parceiros eram desconhecidos.

FIGURA 6.2. MÉDIA DE FICHAS DADAS EM FUNÇÃO
DA CONDIÇÃO EMOCIONAL E PARCEIROS

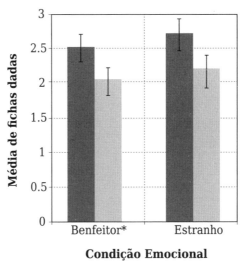

* "Benfeitor" se refere aos parceiros conhecidos (que ajudaram os sujeitos no grupo de tratamento, mas não no de controle).

Fonte: DeSTENO David *et al*. Gratitude as Moral Sentiment: Emotion-Guided Cooperation in Economic Exchange. *Emotion*. v. 10.2, p. 289-93, 2010.

Os resultados desse experimento são resumidos na figura 6.2, onde os retângulos escuros medem a média de fichas transferidas pelos sujeitos no grupo de tratamento e os mais claros medem as médias correspondentes dos sujeitos no grupo de controle. Observe que os sujeitos no grupo de tratamento – onde o sentimento de gratidão foi induzido – transferiram uma média quase 25% a mais para seus parceiros do que os sujeitos no grupo de controle transferiram. Como DeSteno e seus coautores enfatizam, a maior generosidade dos sujeitos gratos não pode ser atribuída a normas de reciprocidade, já que eles foram, na verdade, um pouco mais generosos em suas transferências para perfeitos estranhos do que com os aliados que eles acreditavam ter lhes ajudado.

Em um estudo anterior que aplicava uma indução similar de gratidão, DeSteno e Monica Bartlett examinaram a boa vontade dos sujeitos de responder a pedidos de ajuda – em alguns casos vindos do aliado que os ajudou mais cedo no primeiro estágio do experimento e, em outros, pedidos vindos de desconhecidos.[12] Como mostrado na figura 6.3, sujeitos induzidos à gratidão passaram mais tempo ajudando aqueles que pediram ajuda do que os sujeitos em condição neutra.

FIGURA 6.3. MÉDIA DE MINUTOS GASTOS AJUDANDO EM FUNÇÃO DA CONDIÇÃO EMOCIONAL E PARCEIROS

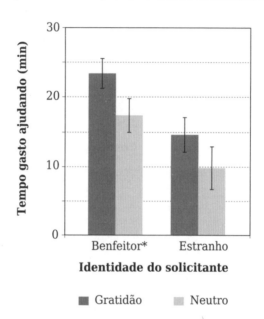

* "Benfeitor" se refere aos parceiros conhecidos (que ajudaram os sujeitos no grupo de tratamento, mas não no de controle).

Fonte: BARTLETT, Monica; DeSTENO, David. Gratitude and Prosocial Behavior: Helping When it Costs You. *Psychological Science*. v. 17.4, p. 319-25, abr., 2006.

Estas descobertas sugerem que se as pessoas que reconhecem o papel da sorte em suas vidas são, de fato, mais propensas que outras de serem gratas por qualquer sucesso que desfrutaram, e também são mais propensas a compartilhar uma parte dos frutos de seus esforços para apoiar o bem comum.

Em sua memória sobre seu pai, Mamie, a filha de Charles Dickens, relembra uma reunião de Natal onde ele aconselhou seus filhos "Refletir sobre suas bênçãos atuais, as quais todos os homens têm várias, não sobre infortúnios passados, os quais todos os homens têm alguns".[13] Estudos recentes na psicologia sugerem que dar atenção a este conselho pode fazer as pessoas não só mais dispostas a contribuir para o bem comum, mas também mais propensas a vivenciar a felicidade e uma boa saúde.

Em um estudo, por exemplo, os psicólogos, Robert Emmons e Michael McCullough, pediram a um grupo de pessoas que guardassem diários onde escreveriam coisas que lhes aconteceram toda semana que os fizeram se sentir gratos, a um segundo grupo que anotasse as coisas que lhes irritassem, e a um terceiro grupo que simplesmente escrevessem coisas que lhe havia afetado.[14] Dez semanas após o início, aqueles que haviam escrito sobre gratidão estavam significativamente mais otimistas do que os participantes dos outros dois grupos, e também relataram níveis elevados de bem-estar subjetivo (o termo dos psicólogos para felicidade). Os participantes no grupo da gratidão também aparentavam gozar de uma saúde melhor do que os outros, esta sendo medida pela regularidade em que se exercitavam e por terem ido menos vezes ao médico.

Em um outro estudo, o psicólogo, Martin Seligman, e seus coautores pediram que as pessoas realizassem cinco exercícios que haviam sido apresentados em um estudo anterior para elevar o sentimento de bem-estar.[15] Um dos exercícios era escrever e entregar pessoalmente uma carta de gratidão a alguém que nunca foi devidamente agradecido por uma bondade recente. Este passo, eles descobriram, era associado com um aumento muito maior e persistente nos pontos de felicidade do que qualquer outro dos quatro exercícios.

Inúmeros outros estudos por psicólogos relatam resultados similares. Nancy Digdon e Amy Koble descobriram que sujeitos de um experimento que foram induzidos a sentir gratidão por outras pessoas vivenciaram subsequentes reduções de ansiedade e um padrão de sono mais sólido.[16] Nathan DeWall e seus colaboradores mostraram que as pessoas nas quais a gratidão foi induzida eram mais propensas a vivenciar empatia por outros e menos propensas a responder de forma agressiva quando provocadas por outros.[17]

♠

A falha em se apreciar a importância da sorte não é, claro, a única razão pela qual os mais abastados têm requisitado cortes fiscais adicionais. Mas é uma razão importante. O problema é agravado pelo fato de que o desdém com a sorte é maior naqueles que possuem o maior poder de influência nas decisões políticas sobre o código fiscal.

Consideremos o chefe executivo da *Blackstone*, a empresa de capital privado de fábulas, Stephen Schwarzman. Schwarzman vive bem. Ele foi notícia, em 2007, quando fez uma festa de 3 milhões de dólares no seu sexagésimo aniversário para ele e milhares de seus amigos mais próximos no Armony, na Park Avenue. De acordo com a cobertura da *Gawker*, "Rod Stewart recebeu 1 milhão para cantar para os convidados; Patti Labelle cantou 'Parabéns'. E a sala foi projetada como uma réplica da residência de 40.000.000 dólares de Schwarzman, na Park Avenue".[18] Mas Schwarzman acredita que o governo está tomando muito do "seu" dinheiro.

James Surowiecki, um escritor de economia do *New Yorker*, ofereceu estes pensamentos sobre o executivo da *Blackstone*:

Os últimos anos têm sido muito bons com Stephen Schwarzman... Sua indústria, que depende de dinheiro emprestado, tem se beneficiado de baixas taxas de juros, e o aumento da bolsa de valores tem propiciado a sua firma grandes oportunidades para sacar investimentos. Schwarzman agora vale mais de dez bilhões de dólares. Você não pensaria que ele teria sobre o que reclamar. Mas, para lhe ouvir dizer, ele foi assaltado por um governo intrometido e feliz de arrecadar impostos e uma população invejosa e reclamona. Ele recentemente resmungou que a classe média americana tem "culpado as pessoas ricas" por seus problemas. Anteriormente, ele havia dito que seria bom aumentar as taxas de impostos dos pobres, para que eles "participassem do jogo", e que as propostas para se revogar a cobrança de impostos sobre o lucro de empresas de capital privado – da qual ele se beneficia, já que esta possui um furo e é, por isso, pequena – era similar a invasão da Polônia pela Alemanha.[19]

Surowiecki prosseguiu para observar que outros executivos abastados estavam vociferando reclamações similares. O capitalista de risco, Tom Perkins, e o cofundador da *Home Depot*, Kenneth Langone, por exemplo, relacionaram a crítica popular aos ricos como os ataques nazistas aos judeus.

Schwarzman e outros têm canalizado vastas quantias para comitês de ação política que reivindicam taxas ainda mais baixas para os que estão no topo e regulamentação ainda menos rigorosa para negócios. E seus poderes políticos para alcançar estas metas têm aumentado significativamente com o despertar de campanhas para a decisão de financiamentos pela Suprema Corte.

O resultado tem sido uma sequência sistemática de *feedback* positivo, do tipo que explica muitos casos de sucesso de mercado no nível individual. As pessoas prosperam em uma escala espetacular, e então usam uma parte do lucro para conseguir taxas e tratamento regulamentar mais favoráveis, o que aumenta ainda mais suas riquezas, lhes permitindo comprar tratamentos ainda mais favoráveis e assim por diante.

Por processos assim ganharem força com o tempo, é fácil para aqueles que querem mudanças perder as esperanças. Mas assim como desesperança torna mais difícil superar os obstáculos pelo caminho do sucesso individual, também inibe as mudanças sociais. Assim, é importante que os advogados da mudança não percam a esperança caso exista qualquer motivo razoável para mantê-la.

Como o economista chefe do presidente Nixon, Herb Stein, uma vez declarou com sucesso, "Se algo não pode prosseguir para sempre, irá parar".[20] Mas o que, exatamente, pode parar um processo que cresce firmemente mais poderoso com o passar do tempo? A resposta é um processo oposto que também cresce firmemente mais poderoso com o tempo.

Aqueles que influenciam as menores taxas e regulamentações menos rigorosas são pouco prováveis de mudar seus comportamentos em resposta aos apelos pela sociedade como um todo. Muitos deles, sem dúvidas, sinceramente acreditam que seus interesses coincidem com o da sociedade. Ainda assim, evidências convincentes sugerem que o nosso padrão atual de gastos públicos e privados tem sido profundamente contra produtivo, não somente para as famílias pobres e de classe média, mas também para os próprios ricos. Se os ricos fossem expostos a estas evidências, eles talvez as achariam convincentes. A política fundamental de mudança certamente seria muito mais fácil de ser vendida se mais pessoas ricas percebessem como os arranjos atuais servem pobremente seus interesses.

Uma experiência há alguns anos me persuadiu que até mesmo pequenas mudanças na concepção cognitiva podem transformar de forma dramática a forma como as pessoas pensam sobre tais coisas. Durante um ano sabático com minha família em Paris, nosso filho mais novo, Hayden, chegou da escola agitado em uma tarde. Ele havia recebido um *avertissement* – ou um aviso disciplinar – por algo que ele não havia feito. Um supervisor do parquinho reclamou que um aluno havia gritado uma obscenidade para ele, mas já que o supervisor não conseguia identificar o agressor específico, ele simplesmente prestou queixas contra todos os alunos que brincavam por perto, um grupo que incluía Hayden.

Insistindo que não havia feito nada de errado, Hayden pensou que deveríamos exigir uma audiência. Mas quando fiz algumas pesquisas, eu descobri que uma única advertência da escola não tinha absolutamente consequência alguma. O aviso só importava para aqueles alunos que já haviam recebido três avisos anteriores durante o mesmo ano escolar.

Eu, então, disse a Hayden que o sistema francês simplesmente lidava com as coisas de forma diferente do que a que estávamos acostumados em casa. Eu o lembrei que até mesmo uma investigação detalhada do episódio não garantiria que as autoridades fossem conseguir todos os fatos corretos. Ele pareceu aceitar que o sistema francês resolveria as coisas de forma justa, na maioria das vezes, já que os alunos que receberam quatro avisos disciplinares em um único ano provavelmente haviam feito *algo* errado. Aplicar essa nova concepção cognitiva ao problema desarmou completamente seu ultraje moral.

De forma similar, eu já vi breves discussões sobre a conexão entre sucesso e sorte amenizar o ultraje que muitas pessoas ricas sentem sobre impostos. Em um nível intuitivo, não é de se admirar que cidadãos bem-sucedidos como Schwarzman podem ver os impostos obrigatórios como uma confiscação injustificável do que lhe é seu por direito. Mas essa é uma forma infrutífera de se pensar sobre os impostos. Investimento público extensivo era uma condição essencial para a prosperidade econômica destes mesmos protestantes contra os impostos, e nós não podemos ter investimento público sem impostos.

Visões sensatas sobre impostos ou qualquer outro assunto não triunfam sobre as menos sensatas a curto prazo. Mas deveríamos todos nos confortar com o fato de que a narrativa histórica a longo prazo pende para a verdade. Uma razão é que quando evidências de uma visão particular se tornam atraentes, o número de pessoas que adotam essa visão vira uma bola de neve. Crenças são contagiosas.

Uma das recentes ilustrações mais claras tem sido a evolução da opinião quanto à permissividade de casamentos entre o mesmo sexo nos Estados Unidos. Há nem mesmo uma década, maiorias substanciais em toda a parte do país era veemente contra. No entanto, em 2010, a opinião já estava dividida igualmente, e na primavera de 2014, 59% dos americanos apoiavam o casamento igualitário, enquanto apenas 34% se opuseram.[21]

As conversas que guiavam esta mudança foram estimuladas, em parte, pela cobertura da mídia de indivíduos específicos envolvidos em relacionamentos do mesmo sexo.

Elmes Lokkings (esquerda) e Gustavo Archilla.

Elmer Lokkings e Gustavo Archilla, que se conheceram em Nova York, em 1945, e viveram juntos em silêncio por 58 anos, mantiveram a natureza de sua relação privada até mesmo para os parentes mais próximos. Então, em 2003, pouco depois do Canadá ter legalizado o casamento entre pessoas do mesmo sexo, os dois foram ao norte tornar sua relação oficial. "O Canadá tornou isso possível para nós", o senhor Archilla disse a uma multidão de simpatizantes na Marcha de Casamento anual, em Nova York, em 2007: "Espero que em todos os outros lugares isso seja possível logo. Talvez enquanto ainda estejamos vivos, embora não reste muito tempo".[22]

Sucesso e sorte ♦ 111

Nem mesmo os defensores mais engajados do casamento igualitário previram a rapidez com a qual a opinião sobre o assunto iria mudar. Assim como os pânditas não previram o colapso repentino da antiga União Soviética, ou os eventos da Primavera Árabe. Em cada caso, a volatilidade e a imprevisibilidade eram simplesmente características inerentes do sistema de crença social.[23]

A opinião pública muda com uma conversa por vez. Nas minhas próprias recentes conversas com pessoas altamente bem-sucedidas, vi opiniões mudarem na hora. Muitos que aparentavam nunca ter considerado a possibilidade de que seu sucesso vinha de fatores outros que não seu próprio talento e esforço estão, frequentemente e surpreendentemente, dispostos a repensar. Em vários casos, até mesmo uma breve reflexão os estimula a relembrar exemplos específicos de momento fortuitos que aproveitaram ao longo do caminho.

A resistência aos impostos gerada pela falha em se apreciar o papel essencial da sorte no sucesso tem tornado mais difícil manter o investimento público necessário para sustentar o estoque de sorte disponível para as futuras gerações. Mas, como veremos a seguir, também tem resultado em padrões de gastos que servem pobremente a atual geração, incluindo até mesmo os membros mais bem-sucedidos.

7 ♠

ESTAMOS COM SORTE: UMA OPORTUNIDADE DE OURO

Melhorar ao tocar um piano requer muitas horas de prática, tempo que não está mais disponível para outras coisas. Ficar acordado até tarde lendo um romance policial num domingo à noite significa dormir um pouco menos na segunda. Gastar 2 mil dólares numa bicicleta significa ter 2 mil dólares a menos para gastar com viagens e lazer. Como os economistas gostam de dizer, não existe almoço grátis. Com isso, nós simplesmente queremos dizer que todas as coisas que valorizamos vêm com um custo, explícito ou implícito.

Mas existe uma aparente exceção a esse princípio. Suponha, por exemplo, que você e outros estariam prestes a gastar 2 mil dólares em algo que, uma vez que o tivesse, o objeto seria sem valor para você. Ao não realizar essa compra, você poderia comprar a bicicleta que você queria sem ter que desistir de algo. Eu chamo isso de uma aparente exceção ao princípio do "sem-almoço-grátis", porque até mesmo nesse caso, comprar uma bicicleta significaria não poder gastar 2 mil dólares em outras coisas. No entanto, a verdade é que se existisse uma nova coisa cara que você quisesse, seria bem mais fácil se você tivesse gastos desnecessários que pudesse eliminar.

A maioria de nós já é bastante cuidadosa sobre como gastamos nosso dinheiro, claro, então pode parecer difícil encontrar um gasto que podemos eliminar. Contudo, como veremos, nossos padrões de gastos indicam desperdício em larga escala, facilmente somando vários trilhões de dólares por ano se agregados. Este desperdício ocorre não porque gastamos com descuido, mas porque nossos incentivos de gastos individuais estão frequentemente em desacordo com nossos interesses coletivos. Imagine uma arena esportiva onde todos os fãs ficam de pé para ver melhor, apenas para descobrir que ninguém verá melhor do que se todos continuarem confortavelmente sentados. Nossos incentivos individuais nos levam a gastar dinheiro de formas que são mutualmente compensadas de formas similares.

Quanto, por exemplo, os pais sentem que precisam gastar no casamento de sua filha? Eles querem que os convidados lembrem do evento como uma ocasião especial, mas "especial" é um conceito relativo. Hambúrgueres para a recepção não seria indicado na maioria dos casos, claro. Mas quanto eles deveriam gastar com bufê e arranjos de flores?

Os padrões diferem de lugar para lugar e de época para época. Em 1980, o custo médio de um casamento americano, com o ajuste da inflação, era 11 mil dólares, uma quantia principesca em boa parte do mundo mesmo hoje. Mas, em 2014, este número já havia subido para 30 mil dólares, e, em Manhattan, um casamento agora custa em média mais de 76 mil dólares.[1]

Por que as pessoas estão gastando tão mais? A resposta curta é que os padrões que definem "especial" têm escalado agudamente. Direi mais sobre o porquê de isso ter acontecido, mas observe por enquanto que os casamentos mais caros de hoje não têm feito os casais mais felizes. Pelo contrário, parece que o aumento nos gastos com os casamentos pode, na verdade, ter tornado mais provável que eles se separem.[2] Se uma diminuição, de forma geral, em gastos com um casamento não deixaria os noivos menos felizes que antes, então esse aumento em particular nos gastos se qualifica como puro desperdício.

E mais, existem medidas políticas simples e não invasivas que poderiam liberar uma larga parte das fontes sendo desperdiçadas atualmente de formas similares – mais que o bastante para cobrir até mesmo os nossos problemas ambientais e econômicos mais difíceis. Poderíamos fazer os investimentos educacionais que ajudam a manter o sucesso, resolver o acúmulo de manutenção de infraestrutura, expandir a cobertura de assistência médica, melhorar a mudança climática, e fazer muito para se reduzir a pobreza, tudo isso sem demandar sacrifícios dolorosos das pessoas.

Se esta alegação lhe parece forçada, você ficará surpreso em ver que ela se apoia em apenas cinco simples premissas, nenhuma das quais é controversa.

1. QUADROS DE REFERÊNCIA SÃO IMPORTANTES. E MUITO.

Qual das duas linhas horizontais abaixo é maior?

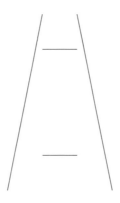

Se você suspeita que isso é um truque, pode dizer que elas são iguais, e de fato são. Mas se você realmente acha que elas APARENTAM serem iguais, você deveria marcar um *checkup* neurológico. Para o cérebro humano normal, a linha do topo parece ser maior, simplesmente por sua posição.

Economistas têm sido vagarosos em reconhecer que efeitos de enquadramento similares moldam nossas avaliações de quase todo bem que compramos. Anteriormente, mencionei minha casa de dois quartos no Nepal, sem eletricidade ou encanamento. Se eu vivesse naquela mesma casa nos Estados Unidos, meus filhos se sentiriam envergonhados de convidar seus amigos. No entanto, no Nepal, era uma casa completamente satisfatória.

Se meus amigos nepaleses pudessem ver minha casa em Ithaca, Nova York, eles pensariam que perdi o juízo. Se perguntariam porquê qualquer um precisaria de uma casa tão grande. Por que tantos banheiros? Mas a maioria dos americanos não pensa assim. Isso é porque nossas avaliações dependem muito do que está por perto.

2. OS GASTOS DE CADA PESSOA DEPENDEM, EM PARTE, DO QUE OS OUTROS GASTAM.

Modelos econômicos padrões assumem que os gastos de cada pessoa são independentes do que os outros gastam. Mas se os efeitos de enquadramento importam, isso não pode estar correto.

As pessoas gastam mais quando seus amigos e vizinhos gastam mais. Isso não é uma nova descoberta fantástica. É uma dinâmica que conhecemos desde a aurora dos tempos. Muitos já chamaram isso de "Maria vai com as outras". Mas nunca gostei dessa expressão nesse caso, porque forma a imagem de pessoas inseguras tentando parecer mais ricas do que são. A influência de colegas seria, na verdade, igualmente forte em um mundo completamente livre de ciúmes e inveja.

O aumento da desigualdade tem feito os efeitos de enquadramento mais fortes. A casa nova mediana, nos Estados Unidos, é agora 50% maior do que em 1980, embora a renda mediana tenha aumentado apenas um pouco em termos reais. O fato de as casas estarem crescendo mais rápido do que a renda de famílias de classe média é difícil de ser explicado sem a ajuda de um processo que eu chamo de cascatas de despesa.

Aqui vai como funciona. As pessoas que estão no topo começam a construir casas maiores simplesmente porque elas têm mais dinheiro. Talvez tenha se tornado costume para eles fazer a recepção dos casamentos de suas filhas em casa, então um salão agora faz parte do que define um lugar apropriado para se morar. Estas casas mudam o quadro de referência para os "quase ricos" – que frequentam os mesmos círculos sociais – então eles, também, constroem casas maiores. Mas quando os "quase ricos" começam a acrescentar refrigeradores com temperaturas abaixo de zero e tetos abobadados, eles definem o que é adequado para família de classe média alta. Então, essas famílias começam a economizar menos e pegar mais emprestado para manter o espaço. E assim vai, até a base da escada de renda. Mais gastos pelas pessoas que estão no topo faz, por fim, pressão para que as pessoas que estão na base gastem mais, e para elas os gastos adicionais são frequentemente um caminho difícil.

3. OS CUSTOS DO FRACASSO EM ACOMPANHAR AS NORMAS DE GASTOS DA COMUNIDADE VÃO ALÉM DE MEROS SENTIMENTOS FERIDOS.

Por que as pessoas simplesmente não reúnem mais autodisciplina e optam por sair da corrida de ratos? Afinal, o Congresso não está mandando as pessoas comprarem casas maiores pelas quais não podem pagar. Uma razão é que optar por sair traz riscos reais que são extremamente difíceis de se evitar.

A falha em acompanhar o que os colegas gastam com moradia não significa apenas morar em uma casa que parece desconfortavelmente pequena. Significa também ter que mandar seus filhos para escolas inferiores. Uma "boa" escola é um conceito relativo, e as melhores escolas são quase sempre aquelas nos bairros mais caros. Para mandar seus filhos para uma escola de, pelo menos, qualidade mediana, os assalariados medianos têm que comprar a casa de valor mediano em sua área. Uma consequência indireta dos altos gastos com moradia pelos assalariados do topo é que os valores de casas medianas também têm aumentado drasticamente.

Eu inventei uma simples medida que eu chamo de "índice de fadiga" (ver figura 7.1), que traça o número de horas que o assalariado mediano precisa trabalhar para alugar uma casa no bairro da escola mediana.

FIGURA 7.1. O ÍNDICE DE FADIGA

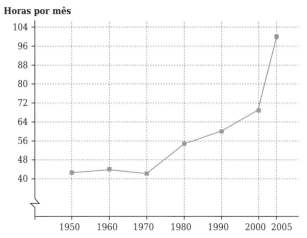

Horas de trabalho requeridas por mês para o trabalhador ganhar o aluguel mediano.

Quando as rendas estavam aumentando no mesmo ritmo para todos nas décadas após a Segunda Guerra Mundial, o índice era quase completamente estável. Mas a desigualdade de renda começou a aumentar drasticamente após os anos 70, e desde então o índice de fadiga tem aumentado em uníssono. Pelos últimos dez anos, têm sido aproximadamente 100 horas por mês, contra apenas quarenta e duas horas em 1970.

A média real de salário por hora para homens nos Estados Unidos é na verdade menor do que nos anos 80. Se famílias de rendas medianas devem gastar mais agora para atingir objetivos básicos, como eles conseguem? Dados do censo revelam sintomas claros de aumento de aflição econômica entre essas famílias. Dos 100 maiores condados dos Estados Unidos, aqueles onde a desigualdade de renda aumentou mais rápido foram também aqueles que vivenciaram os maiores aumentos em três importantes sintomas de aflição econômica: taxas de divórcio, viagens diárias mais longas e pedidos de falência.[3] Em países desenvolvidos rastreados pela Organização para a Cooperação e Desenvolvimento Econômico, a maior desigualdade é associada a horas mais longas de trabalho, tanto entre países quanto com o passar do tempo.[4] Modelos econômicos padrões não preveem essas relações.

Cascatas de gastos também têm ocorrido em ouras áreas, tal como as celebrações que marcam ocasiões especiais. Sem referência a esse processo é difícil explicar a alta escalada em custos com casamentos discutido anteriormente. As festas multimilionárias para celebrar a maioridade feitas pelas famílias mais ricas têm aumentado igualmente os padrões que governam os gastos com tais eventos pelas famílias mais abaixo na escada de renda. Muitas crianças de renda média agora estão desapontadas quando suas festas de aniversários não têm um palhaço ou um mágico profissional.

Preocupações sobre posição relativa são uma dura realidade da natureza humana. Nenhum biólogo fica surpreso por elas se assomarem em grande quantidade na psicologia humana, já que a posição relativa sempre foi, de longe, o melhor profeta do sucesso reprodutivo. Pessoas que não se importavam com o quão bem estavam se saindo em termos relativos estariam mal equipadas para os ambientes competitivos nos quais nós evoluímos. Poucos pais, se refletirmos sobre isso, iriam querer que seus filhos fossem completamente privados de preocupações posicionais.

Mas embora as preocupações posicionais sejam um componente essencial da psicologia humana, nem todas as suas consequências são benignas.

4. PREOCUPAÇÕES POSICIONAIS GERAM GASTOS DESNECESSÁRIOS, MESMO QUANDO TODOS SÃO BEM INFORMADOS E RACIONAIS.

Charles Darwin, o grande naturalista britânico, foi altamente influenciado por Adam Smith e outros economistas. Ele viu que a competição na natureza, assim como a competição no mercado, geralmente produz benefícios tanto para indivíduos como grandes grupos, assim como a teoria da Mão Invisível de Smith. A visão aguçada nos falcões, por exemplo, fez tanto falcões individuais como os falcões como espécie mais bem-sucedidos. No entanto, Darwin também viu que muitos traços e comportamentos ajudaram indivíduos às custas de grandes grupos. Quando o sucesso depende da posição relativa, como quase sempre acontece em esforços competitivos, o resultado geralmente é uma corrida posicional armada desnecessária.

Chifres maiores: boa para alces individuais, ruim para alces como um grupo.

Considere os chifres do alce, que podem chegar a quatro metros e pesar quase vinte quilos. Por esses apêndices pesados dificultarem a mobilidade em matas fechadas, eles colocam os alces em grande risco de serem cercados e mortos por lobos. Então, por que a seleção natural não favorece chifres menores? A resposta de Darwin foi que os chifres maiores evoluíram porque os alces são de uma espécie poligâmica, o que significa que os machos podem ter mais de uma parceira se puderem. Mas se alguns tiverem múltiplas parceiras, os outros são deixados com nenhuma. É por isso que os machos lutam tão cruelmente com os outro pelas fêmeas. As mutações dos códigos de chifres grandes se espalhou rapidamente porque qualquer alce que os tivessem estaria mais propenso a ganhar. Um alce com chifres menores estaria menos vulnerável a predadores, mas também estaria menos propenso a passar seus genes para a próxima geração.

Alces estariam melhor como um grupo se os chifres de cada animal fossem menores pela metade. Cada luta seria decidida da mesma forma de antes, enquanto todos estariam menos vulneráveis a predadores. A ineficiência em tal luta armada posicional é análoga a ineficiência da luta armada militar.

Esse ponto importante não é entendido de forma tão clara como deveria. Em um livro de 2011, eu descrevi os estreitos paralelos entre a corrida armada militar e as forças evolucionistas que geraram os chifres desproporcionais nos alces.[5] Logo após o livro ter sido publicado, a crítica do escritor científico John Whitfield apareceu no *Slate* sob o auspicioso título, "Libertários com chifres: O que *The Darwin Economy*, de Robert H. Frank, entende errado sobre a evolução".[6] Whitfield argumenta que se grandes chifres são prejudiciais, a seleção natural já teria há muito tempo resolvido esse problema eliminando os alces cujos chifres fossem muito grande. Mas este argumento ignora a lógica que explica porque as corridas armadas são um desperdício em primeiro lugar.

A corrida para estocar armamento militar não segue sem limites, já que os cidadãos de uma nação que gasta toda sua renda em armas iriam morrer. Através do mesmo símbolo, a corrida para se obter tamanhos de chifres relativamente maiores não segue sem limites. Não vemos alces com chifres de doze metros e pesando 180 quilos, já que tais animais nunca seriam capazes de levantar seus narizes do chão, muito menos competir por parceiras de forma bem-sucedida. Mas o fato dessas lutas armadas serem autolimitadoras não significa que o estoque de bombas não é um desperdício, ou que chifres de um metro são uma opção atrativa para os alces coletivamente. Se os alces pudessem de alguma forma concordar em diminuir seus chifres pela metade, eles certamente estariam bem melhores.[7]

Este simples ponto se aplica não só para o tamanho dos chifres, como também para a quantia que as pessoas gastam em coisas cujo valor é altamente sensível ao contexto. Após um certo ponto, gastos adicionais com mansões, festas de debutantes, e muitos outros bens se torna puramente posicional, o que significa que isso meramente aumenta a expectativa do que se define como adequado. Por boa parte do total gasto na economia atual ser puramente posicional, ele é um desperdício da mesma forma que a luta armada militar o é.

5. A BOA NOTÍCIA É QUE UMA SIMPLES MUDANÇA
   NO SISTEMA DE IMPOSTOS ELIMINARIA VÁRIOS
   PADRÕES DE GASTOS DESNECESSÁRIOS

Alces não possuem as habilidades cognitivas e comunicativas para fazer qualquer coisa sobre sua própria corrida armada posicional. Mas humanos podem e decretam acordos de controle de armas posicionais. Nós gastamos muito em casas e festas porque, como indivíduos, não temos nenhum incentivo para nos responsabilizar sobre como a forma que gastamos afeta os outros. Mas o sistema de impostos oferece uma forma simples e discreta de mudar nossos incentivos. Nós poderíamos abandonar nossa renda de imposto progressivo atual em favor de um imposto de consumo progressivo muito mais íngreme.

Funcionaria assim: as pessoas declarariam suas rendas como fazem agora, e também suas poupanças anuais, como muitos já fazem para isenção de contas de aposentadoria. Suas rendas menos suas poupanças resultam em seus gastos anuais, e essa quantia menos uma grande dedução padrão seria seu gasto tributável. Por exemplo, uma família que ganhou 100 mil dólares e guardou 20 mil em um ano fiscal, teria um gasto anual de 80 mil. Se a dedução padrão fosse 30 mil, o gasto tributável desta família seria 50 mil dólares.

A taxa de impostos começaria baixa e aumentaria de forma estável conforme os gastos tributáveis aumentassem. Sob o atual imposto de renda, as taxas não podem subir muito sem atingir as poupanças e os investimentos. Mas taxas de impostos marginal mais altas sobre os gastos encorajaria, na verdade, as poupanças e os investimentos.

Muitas pessoas ricas acham que impostos mais altos os fariam menos capazes de obter o que quisessem. Mas como discutido mais cedo, o que acontece quando todos gastam menos é muito diferente do que acontece quando um indivíduo gasta menos. Em uma sociedade com um imposto de gastos progressivo, os motoristas mais ricos podem comprar um Porsche 911 Turbo por 150 mil dólares ao invés de uma Ferrari Berlinetta F12 por mais que o dobro desse valor. Mas já que todos estariam diminuindo gradualmente, os donos de Porsches desta sociedade em específico estariam tão excitados sobre seus carros quanto os donos de Ferraris estão sob o atual sistema de impostos.

Existe outra importante dimensão para este argumento: Um imposto progressivo sobre os gastos geraria receita adicional que poderia ajudar a pagar uma melhor infraestrutura. Sob a estrutura de impostos atual, os ricos podem arcar com suas Ferraris, mas devem dirigir em estradas malconservadas. E a experiência de um motorista de uma Ferrari em estradas cheias de buracos é significativamente menos satisfatória do que a de um motorista de um Porsche em uma estrada bem cuidada.

Minha reinvindicação básica é que, sem demandar sacrifícios dolorosos, esta mudança relativamente simples na política nos permitiria usar trilhões de dólares por ano para reconstruir as instituições e infraestruturas que traduzem com segurança o talento e o esforço em sucesso – em outras palavras, o tipo de ambiente em que as pessoas seriam sortudas de nascer nele. Essa reinvindicação vai parecer fantástica para algumas pessoas. No entanto, o argumento a favor dela tem poucas partes móveis, e nenhuma das premissas na qual ela se respalda é controversa.

A maioria dos ganhos de renda tem ido para os assalariados do topo, o que os levou a construírem casas maiores. As evidências mostram que, depois de um certo ponto, aumentos no tamanho de uma mansão de forma geral não fazem os ricos mais felizes. No entanto, casas maiores do topo têm mudado o sistema de referência que molda as demandas daqueles que estão abaixo e assim por diante, até a base da escada de renda. O aperto financeiro resultante nas famílias de classe média não tem apenas tornado mais difícil para essas famílias pagarem suas contas, mas também tornou mais difícil para o governo conseguir reunir renda. E isto, por sua vez, levou a um declínio na qualidade da infraestrutura e dos serviços públicos.

Apesar de suas altas rendas, então, os ricos agora parecem estar piores de balanço. Seus altos gastos em carros e casas simplesmente aumentaram a expectativa do que define o adequado nestas categorias, enquanto o declínio correspondente em qualidade dos bens públicos tem tido um impacto negativo significante. Mas por esses padrões de gastos profundamente desnecessários, que resultam destes efeitos de enquadramento, poderem ser mudados por uma simples revisão no código fiscal, nós somos sortudos.

Alguns contestaram que muitas pessoas são agora tão ricas que simplesmente ignorariam um imposto de consumo progressivo em suas decisões monetárias. Mas essa objeção não condiz com a forma como as pessoas mais ricas respondem a altos preços. Na cidade de Nova York, que possui um dos valores imobiliários mais altos dentre qualquer lugar do mundo, até mesmo os multibilionários raramente moram em apartamentos maiores que 750 metros quadrados. A maioria dessas pessoas eventualmente morrerão com bens o bastante para poderem ter comprado o prédio de seus apartamentos por inteiro. No entanto, eles escolhem por não fazê-lo, talvez porque os altos valores de Nova York tornaram socialmente aceitável que até mesmo os super ricos vivam em espaços mais modestos. Mas se esses mesmos multibilionários vivessem, digamos, em Dallas, eles não pensariam duas vezes antes de comprar mansões de 1.800 metros quadrados.

Nós deveríamos esperar, então, que o imposto de consumo progressivo encorajasse muitas pessoas ricas a repensar seus planos de reformas de mansões de 2 milhões de dólares. Já que o preço de tais projetos após a taxação seria muito mais alto que antes, muitos dariam um passo para trás, talvez instruindo seus arquitetos a lhe mostrarem como seria uma reforma de 1 milhão.

Se eles e outros optarem por projetos menores, eles podem esperar que os resultados sejam desapontadores em relação às reformas maiores que originalmente planejaram. Mas como vimos, o que acontece quando todos gastam menos é muito diferente do que o que acontece quando uma única pessoa gasta menos. Assim, se todos derem um passo para trás em uníssono, as reformas menores vão servir tão bem quanto as maiores serviriam. E mais importante, um imposto de consumo progressivo também geraria receita adicional que poderia ajudar a pagar melhores bens e serviços públicos.

Nisto está a alquimia inerente no imposto de consumo progressivo. Inibir uma coleção de cascatas de gastos amplamente improdutíveis criaria novas fontes de forma eficiente e do nada.

Alguns se preocupam que um imposto de consumo progressivo diminuiria os incentivos das pessoas de trabalhar duro e investir no futuro. Mas a visão de Darwin de que a vida é avaliada de acordo com um contexto sugere o contrário. Nenhuma mudança nas regras ou políticas fiscais poderiam extinguir o impulso humano de chegar na frente. Mas chegar na frente é um conceito quase puramente relativo. Significa se sair melhor do que um rival, e um imposto de consumo progressivo não mudaria o fato de que aqueles que ganham mais também podem gastar mais.

Outros se preocupam que um imposto de consumo progressivo tornaria mais difícil a vida daqueles que sentem um prazer especial nas posses materiais. Mas esse imposto não diminuiria de maneira alguma o fornecimento de coisas boas de se possuir. Há apenas algumas coberturas na cidade de Nova York com vistas deslumbrantes do Central Park, e embora um imposto de consumo progressivo reduza o quanto as pessoas poderiam pagar nesses apartamentos, isto não mudaria a identidades dos licitantes vencedores.

No entanto, um imposto de consumo progressivo reduziria a parcela de renda nacional consumida enquanto aumentaria a parcela investida. O crescimento gerado por esse maior investimento aumentaria as rendas futuras. E isso significa que os níveis de consumo futuros, embora menores enquanto parcela da renda nacional, seria eventualmente mais alto em termos absolutos do que teriam sido durante o arranjo vigente.

Alguns contestaram o imposto de consumo progressivo em razão dele legitimar emoções básicas como ciúmes e inveja, o que eles acham que não deve ser levado em consideração no desenvolvimento de políticas públicas. O economista libertário Donald Boudreaux, por exemplo, disse,

> Eu concordo que as pessoas estão preocupadas sobre suas posições relativas numa sociedade. Mas não acredito que tal preocupação devesse ser necessariamente incluída na política governamental. (Eu também concordo com aqueles que apontam que as pessoas são naturalmente tendenciosas contra estrangeiros – preconceituosas contra aqueles cuja aparência e idioma e costumes são bem diferentes daquilo que lhes é familiar, mas eu não quero elevar esse impulso tribal natural em uma política governamental.)

Boudreaux e outros rejeitam políticas baseadas em preocupações posicionais pelas mesmas razões que eles se oporiam em dar peso político a preferências de sadistas.

Nós temos, de fato, razões para desencorajar nossas crianças de invejarem a boa fortuna dos outros. Mas preocupações posicionais resultam muito menos de inveja do que do simples fato de que muitas gratificações importantes na vida dependem da posição relativa. Somente uma pequena proporção de terrenos possuem vistas deslumbrantes, e quem os consegue é melhor prevista pela renda relativa.

Talvez ainda mais importante, o contexto é a fonte dos julgamentos de qualidade diários que guiam a demanda do consumidor. Que a significância desse ponto não é amplamente apreciada se tornou claro para mim, primeiramente, durante uma conversa que aconteceu em uma tarde antes de uma palestra que ministrei alguns anos atrás. Dois dos meus anfitriões do corpo docente e eu estávamos esperando do lado de fora de um restaurante quando o quarto membro do nosso grupo chegou por trás do volante de um Lexus sedan novíssimo. Quando sentamos em nossa mesa, as primeiras palavras do dono do Lexus para mim, espontaneamente, foram que ele não sabia ou se importava com os tipos de carros que seus vizinhos ou colegas dirigiam. E, na verdade, eu já havia tido inúmeras conversas com este cavalheiro ao passar dos anos e acreditava que sua declaração era completamente plausível.

Eu o perguntei porque ele havia escolhido o Lexus ao invés de um Toyota sedan, muito mais barato, mas igualmente confiável, do mesmo fabricante. Ele respondeu que foi a qualidade do carro que o havia atraído – coisas como a aparência e a textura dos materiais do interior do carro, o som que as portas faziam quando fechavam e por aí vai. Ele mencionou com um orgulho especial que o motor do carro era tão silencioso que o manual do usuário traz avisos em letras vermelhas para não tentar ligar o carro enquanto o motor já estiver funcionando.

Ele nos disse que seu carro anterior não possuía essas características atrativas. Eu então o perguntei como ele achava que as pessoas teriam reagido àquele carro se tivesse sido possível transportá-lo de volta a 1935 em uma cápsula do tempo. Ele respondeu sem hesitar que qualquer pessoa daquela época teria ficado extremamente impressionada. Eles teriam achado a aceleração e o manuseio espetacular; os materiais do interior teriam os deixados admirados; e seu motor aparentaria ser inacreditavelmente silencioso.

Nós, então, discutimos como um modelo matemático formal da demanda de qualidade de um automóvel se apresentaria, concordando que qualquer uma razoável incorporaria uma comparação das características do carro com as características correspondentes em outros carros do mesmo ambiente local. Carros que tivessem pontos positivos em tais comparações seriam vistos como possuindo alta qualidade, pelos quais os consumidores estariam dispostos a pagar um prêmio. Eu, então, apontei que esse modelo seria essencialmente idêntico a um baseado em desejo, não por possuir qualidade para seu próprio bem, mas, sim, para ultrapassar, ou evitar ser ultrapassado pelos de seus amigos e vizinhos.

Ainda assim, as impressões subjetivas transmitidas por estas duas descrições dificilmente poderiam ser mais diferentes. Demandar qualidade para seu próprio bem é ser um comprador perspicaz. Mas desejar ultrapassar seus amigos e vizinhos é ser um imbecil.

Eu percebi que aos pés dessa discussão, todos na mesa repentinamente se interessaram muito mais em falar sobre os tipos de comportamento que são guiados por preocupações contextuais. Era aceitável falar sobre comportamentos que resultavam de percepções de qualidade que dependiam de um contexto, mas não era nem um pouco tragável falar sobre comportamentos que resultavam de inveja ou desejo de ultrapassar os outros.

Resumindo, podemos abraçar o imposto de consumo progressivo sem vocalizar a aprovação de emoções como a inveja e o ciúme. Este imposto é atraente em campos puramente práticos.

Se continuarmos em nosso curso atual, crescimento adicional na inequidade de renda produzirá cascatas de gastos futuros que irão diminuir as testemunhadas até agora. Casas continuarão a crescer e custos com casamentos continuarão a aumentar, fazendo com que famílias se sintam pressionadas a gastar dinheiro que poderia ser melhor dedicado a outras coisas.

Mas embora eu tenha escrito sobre as atrações do imposto de consumo progressivo por décadas, não aparentamos estar perto de adotar um. De fato, não existe chance alguma do Congresso sequer discutir, muito menos adotar, um imposto de consumo progressivo esse ano. Mas mesmo que o Congresso chocasse todo mundo e aprovasse um hoje, seria provavelmente melhor não o implementar imediatamente.

Isso é porque efeitos duradouros da Grande Recessão têm segurado o gasto total abaixo do nível necessário para sustentar empregos para todos que querem trabalhar. Em um mundo ideal, nós responderíamos a esse déficit atacando agressivamente nosso acúmulo de manutenção de infraestrutura atrasadas. Mas custos adicionais ausentes desse tipo, encorajando até mesmo gasto com consumo desnecessário, seria melhor do que não se fazer algo. O mero anúncio de que um imposto de consumo progressivo estaria chegando estimularia milhares de bilhões de dólares em gasto adicionais privados. Construir mansões maiores pode não tornar os ricos mais felizes, mas cria empregos para os arquitetos e carpinteiros desempregados.

Se implementado de forma gradual, quando a economia está de volta cheia de empregos, um imposto de consumo progressivo induziria uma mudança gradual na composição do gasto nacional. A proporção dedicada ao consumo de luxo diminuiria vagarosamente, enquanto a proporção dedicada ao investimento aumentaria vagarosamente. Um imposto de consumo progressivo implementado dessa forma não diminuiria o número de empregos, meramente alteraria a mistura de tarefas a serem feitas.

Se o imposto de consumo progressivo é uma ideia tão boa, por que não a adotamos ainda? De uma certa forma, já o fizemos, já que mais de 90% dos americanos estão atualmente abaixo dos limites superiores em poupanças diferidas de impostos permitidas em contas poupanças suplementares de aposentadoria. Para estas famílias, os incentivos de gastos atuais são essencialmente os mesmos que seriam sob um imposto de consumo progressivo. Mas famílias com as maiores rendas poupam muito mais do que o teto das contas suplementares de aposentadoria. E já que é o gasto dessas famílias que geram as cascatas de gastos a pouco descritas, nosso atual sistema nada faz para encorajar contenção da parte delas. Então, a pergunta permanece: Por que ainda não adotamos um imposto de consumo progressivo por completo?

É uma pergunta que discuti com várias pessoas. A Universidade de Cornell frequentemente me envia para conversar com grupos de alunos ao redor do país, e em muitas destas ocasiões eu descrevi a razão para se abandonar o imposto de renda progressivo por um imposto de consumo progressivo que produziria um resultado melhor para quase todos. As respostas que recebi desses grupos, muitos dos quais são profundamente formados por ouvintes da Rádio Pública Nacional, compartilham de um tema comum: a proposta soa como uma boa ideia, mas existe essencialmente nenhuma chance de se persuadir os conservadores a concordarem com ela.

Mas essa é uma visão excessivamente pessimista. Ocasionalmente, por exemplo, eu falo para um grupo de alunos em um enclave profundamente vermelho, e muitos dos conservadores convictos nestas audiências também são rápido em abraçar o imposto de consumo progressivo uma vez que ouviram as razões para tal. (É obviamente mais fácil defender esse ponto de vista em fóruns de alunos do que em uma arena política, onde frases de efeito de trinta segundos são o modo de comunicação dominante.)

Observarei, também, que uma semana após a publicação de um artigo sobre o imposto de consumo progressivo, foi publicado em 1997,[8] recebi um gordo envelope pelos correios trazendo o endereço do professor Milton Friedman, o patrono do conservadorismo de pequeno governo. Sua carta começou dizendo que ele havia gostado do meu artigo, mas não compartilhava da minha visão de que o governo deveria estar angariando e gastando mais dinheiro. Com os orçamentos do governo então avançando para o superávit durante o segundo mandato do presidente Clinton, aquilo foi dificilmente surpreendente. Mas Friedman seguiu dizendo que se o governo precisava de renda adicional, o imposto de consumo progressivo seria de longe a maneira mais eficaz de se consegui-la. O envelope estava gordo porque ele havia enviado uma cópia de seu próprio artigo, publicado na *American Economic Review*, em 1943, no qual ele argumentava que o imposto de consumo progressivo seria a melhor forma de se financiar o esforço de guerra.[9]

Evidência adicional da habilidade do imposto de consumo progressivo em atrair apoio bipartidário surgiu quando os senadores Pete Domenici (Partido Republicano do Novo México) e Sam Nunn (Partido Democrático da Georgia) propuseram o que eles chamaram de Imposto de Subsídio de Poupança Ilimitada, em 1995.[10] O imposto SPI deles era essencialmente idêntico ao imposto que estou propondo.

Outras batalhas orçamentárias impediu a proposta deles de ser votada, mas ninguém na época caracterizava ela como uma ideia radical.

Embora vejamos uma hostilidade muito difundida quanto a novos impostos de qualquer tipo atualmente, dois pesquisadores veteranos do *American Enterprise Institute*, um grupo conservador em Washington, publicaram um livro, em 2012, exaltando as virtudes do imposto de consumo progressivo.[11] Eles gostam do imposto porque eles acreditam, corretamente, que estimularia economias e investimentos necessários. Mas é um instrumento político ainda melhor do que eles acham.

Resumindo, parece prematuro reduzir o imposto de consumo progressivo a uma política ineficaz.

O Congresso provavelmente não considerará um imposto de consumo progressivo na falta de uma terrível crise fiscal. Mas com dezenas de milhares de aposentadorias resultantes dos bebês nascidos durante a Segunda Guerra, tal crise é somente uma questão de tempo. Em algum ponto de um futuro não tão distante, então, seremos forçados a reconhecer a necessidade de uma renda adicional. E neste momento o imposto de consumo progressivo estará sobre a mesa.

Se ele for promulgado e algumas pessoas tiverem a oportunidade de vivenciar seus efeitos por alguns anos, eles apreciarão o quão sortudo nós fomos em nossos padrões históricos de gastos tão dispendiosos. Sem ter que fazer qualquer sacrifício doloroso, teremos sido capazes de fazer investimentos já tão atrasados que beneficiaram imensamente a todos.

É uma oportunidade de ouro que temos em nossas mãos.

SENDO GRATO

Em seu romance de 1983, *Mr. Palomar*, Italo Calvino descreve os pensamentos de seu personagem principal durante uma caminhada em uma praia do mediterrâneo. Quando Palomar percebe que está se aproximando de uma mulher que se bronzeava de *topless*, ele rapidamente direciona seu olhar em direção ao mar, querendo respeitar a privacidade da mulher. Mas uma vez que a ultrapassou, ocorreu a ele que ao desviar o olhar ele sem querer propagou a crença, que ele acredita ser desagradável, que a imagem do peito humano é, de alguma forma, ilícita.

Em seu retorno, ele então adota uma postura diferente. Enquanto se aproxima da mulher uma segunda vez, ele mantém seu olhar fixo à frente, tentando transpassar uma atitude de completa neutralidade, seu olhar se desviando apenas para uma gaivota. Mas isso também não pode estar certo, ele decide momentos depois. Agora ele se preocupa em ter reduzido o seio a um mero objeto.

Então, Palomar dá meia volta e mais uma vez anda em direção a mulher, dessa vez esperando transpassar uma atitude de objetividade neutra. Mas uma vez que passou por ela, ele se preocupa que a mulher pode ter mal interpretado seu olhar como um senso de superioridade. Ainda determinado em acertar, ele muda seu curso mais uma vez. "Agora seu olhar, dando uma olhada de relance na paisagem, vai se demorar no seio com especial consideração, mas vai rapidamente adicionar ao olhar um impulso de boa vontade e gratidão pelo todo, pelo sol e o céu, pelos pinheiros dobrados e a duna e a praia e as pedras e as nuvens e as algas, pelo cosmos que orbitam aqueles cúspides sagrados".[1]

E dessa vez a mulher se levanta, se cobre, e vai embora com raiva. Palomar pesaroso conclui que o "peso morto de uma tradição intolerante previne qualquer um de entender apropriadamente a mais esclarecida das intenções".[2]

O senhor Palomar não está sozinho em sua preocupação sobre as opiniões dos outros. Pessoas que apreciam a admiração e afeição de seus colegas não apenas mais felizes por esse fato, elas também estão mais propensas a prosperarem. Isto é em parte porque a maioria das estórias dos maiores sucessos econômicos são um trabalho em equipe. Quase todo mundo quer desfrutar dos benefícios de colaborar com companheiros de time talentosos. Mas por pessoas talentosas que conseguem trabalhar bem em grupo estarem em falta, eles estão em uma posição onde podem ser extremamente seletivos sobre a filiação do seu círculo. Ser visto como um membro de time atrativo é uma enorme vantagem econômica, mas é um *status* que deve ser merecido. Se você é um aproveitador, poucos times vão lhe querer.

Talento e boa vontade em trabalhar duro são obviamente qualidades positivas em um colega de time, e membros dos times de elite raramente não as possuem. Mas estas qualidades não são suficientes. O trabalho em equipe bem-sucedido pressupõe uma habilidade em confiar nos colegas, acreditar que eles colocarão os interesses do time à frente dos seus próprios mesmo quando ninguém estiver olhando. Então, ser selecionado para ser membro de um time de elite também depende muito da avaliação de caráter.

Avaliação de caráter faz pouco nos modelos de comportamento humano preferido por muitos cientistas. Estes modelos assumem que as pessoas são ambos racionais e com interesses pessoais (no sentido mais estreito do último termo). Nesta descrição, *Homo Economicus* trapacearia somente se ele tivesse chance de beneficiar o bastante e se as chances de ser pego fossem suficientemente baixas. Então, o mero fato de que ele não possui uma reputação de trapaceiro nos diz somente que ele tem sido prudente. Não nos diz que ele não trapacearia quando ninguém estivesse olhando.

Agora, interesse pessoal é claramente um motivo humano importante, talvez até mesmo o mais importante. Quando as multas por velocidade aumentam, motoristas dirigem mais devagar. Quando o valor do combustível aumenta, as pessoas desligam seus termostatos e compram carros mais econômicos. No entanto, interesse pessoal não pode ser o único motivo importante. As pessoas dão gorjeta em uma taxa padrão, até mesmo quando jantam em restaurantes aonde nunca voltarão.[3] Elas frequentemente doam para caridade anonimamente e devolvem carteiras perdidas com o dinheiro dentro.[4]

Uma pessoa tentando formar um time eficaz com certeza acharia extremamente útil conseguir prever se um possível membro colocaria seus próprios interesses à frente dos interesses do time quando ninguém tivesse olhando. Tais previsões são possíveis? Considere o seguinte simples experimento:

> Imagine que você acabou de retornar de um *show* lotado para descobrir que perdeu dez mil dólares em dinheiro. O dinheiro estava em um envelope com seu nome e endereço nele e aparentemente caiu do bolso do seu casaco enquanto você estava no *show*. Você conhece qualquer pessoa não relacionada a você por sangue ou casamento que você tem certeza que devolveria seu dinheiro?

Quem quer que encontre seu envelope se depara com uma "oportunidade de ouro":[5] manter o dinheiro com essencialmente chance alguma de ser detectado ou punido. No entanto, a maioria das pessoas insistem que conseguem nomear outras pessoas que elas afirmam que retornariam seu dinheiro. Na maioria das vezes, as pessoas que elas citam são amigos próximos. É extremamente improvável que elas tenham tido oportunidades passadas para observar o que estes amigos fariam sob as circunstâncias descritas. Então, o que as fazem tão confiantes sobre suas previsões? Quando pressionadas, a maioria explica que conhecem seus amigos bem o bastante para ter certeza que eles se sentiriam horríveis em simplesmente pensar em ficar com o dinheiro.

Evidências sugerem que as intuições por trás desses julgamentos são informativas. Junto com meus colegas, Tom Gilovich e Dennis Regan, fiz experimentos laboratoriais que dão aos sujeitos uma oportunidade de jogar um jogo no qual eles e seus parceiros podem trapacear sem a possibilidade de serem detectados.[6] Nesses experimentos, sujeitos que se conheceram pela primeira vez começam com uma oportunidade de conversarem por 30 minutos em grupos de três. Cada sujeito, então, vai para salas separadas para preencher dois formulários, um para cada um dos outros dois sujeitos do grupo. Nestes formulários, eles indicavam se eles trapaceariam ou não em um simples jogo com pequenas apostas monetárias, e também previam se achavam que seus parceiros trapaceariam. Os sujeitos, na verdade, trapacearam em menos de um quarto dos jogos, no entanto quando os sujeitos previam que um parceiro iria trapacear, suas previsões estavam corretas em quase 60% das vezes.

Se as pessoas são razoavelmente adeptas da avaliação de caráter, então a melhor forma de ser vista como um membro atraente para um time pode ser se tornar o tipo de pessoa que de fato é um membro atraente para um time. Como os psicólogos há muito compreenderam, os humanos são criaturas de hábitos, o que significa que traços de caráter podem na verdade ser cultivados por repetição deliberada. Se seu objetivo fosse se tornar um membro de time atraente, quais traços de caráter você gostaria de cultivar? Esta é uma pergunta importante. Como digo para meus alunos de MBA, os supervisores que decidirão suas futuras promoções teriam, caso questionados, uma opinião sobre se eles devolveriam um envelope perdido contendo 10 mil dólares.

Eu incito meus alunos a considerarem a possibilidade de suas atitudes no que diz respeito a sorte poder afetar a forma como os outros os veem. Pois eventos fortuitos figuram proeminentemente ao longo de praticamente toda trajetória de uma carreira, as pessoas que reivindicam total responsabilidade por seu próprio sucesso estão com quase certeza reivindicando mais crédito do que merecem de fato, uma atitude que torna improvável elas serem atrativas para outros. Como Adam Smith escreveu, "O homem que se estima como deve, e não mais do que ele deve, raramente falha em obter de outras pessoas toda a estima que ele pensa merecer. Ele não deseja além do que merece, e ele repousa sobre isso com completa satisfação".[7]

Eu também lembro aos meus alunos que a maioria das culturas, especialmente as ocidentais, celebram a ambição como uma qualidade pessoal, e que membros de times bem-sucedidos geralmente possuem essa qualidade em abundância. Mas a maioria das culturas também reconhecem que após um certo ponto, a ambição pode se tornar uma responsabilidade. Quando o desejo de chegar à frente se torna muito intenso, pode levar as pessoas a colocarem seus próprios interesses limitados à frente dos interesses do time. Percepções de que alguém é "muito ambicioso" pode às vezes estar enraizada em ciúmes ou inveja, mas indivíduos incomumente ambiciosos podem ameaçar a coesão do time até mesmo na ausência de tais emoções.

Muitos acreditam, por exemplo, que o antigo vice-presidente sênior da Apple, Scott Forstall, foi exonerado de seu posto por esta razão. Forstall era o arquiteto chefe do sistema operacional iOS, que faz o iPhone e o iPad funcionar, cujo crescimento meteórico de vendas fez da Apple a empresa mais rentável da história. Ele foi por muito tempo o protegido do cofundador da Apple, Steve Jobs, foi universalmente reconhecido como um talento extraordinário da engenharia, e foi por vezes mencionado como um potencial futuro chefe executivo da Apple. No entanto, poucos relatos da mídia sobre seus dias de auge na empresa falharam em mencionar que ele era incomumente ambicioso. De acordo com a *Bloomberg Business*, alguns associados o descreveram, fora de registros oficiais, como alguém que "rotineiramente toma crédito por sucessos colaborativos, se desvia da culpa por erros".[8] Quando Forstall foi demitido, em outubro de 2012, o chefe executivo da Apple, Tim Cook, explicou que a ação foi necessária para preservar a cultura colaborativa da empresa.[9]

A boa vontade de reconhecer a contribuição de outros – admitir que seu sucesso veio, em parte, do que outros fizeram – afeta sua atratividade como um colega de time? Minha experiência com o antigo presidente do Sistema de Reservas Federal dos Estados Unidos (FED), Ben Bernanke, com quem eu tive o privilégio de escrever em coautoria um livro de introdução à Economia, sugere que sim. Ben é de longe o economista mais bem-sucedido com quem eu já trabalhei de perto. Além do seu mandato como presidente do *FED*, ele trabalhou como editor do prestigiado *American Economic Review* e foi durante muitos anos presidente do altamente classificado departamento de Economia de Princeton. Ele serviu com distinção nesses postos não apenas por sua inteligência e apetite por trabalhar duro – traços possuídos por muitos economistas – mas também por outras qualidades pessoais que são consideravelmente menos comuns.

Antes de nosso livro ser publicado, eu ocasionalmente esbarrava em economistas de Princeton em conferências. E quando eu lhes dizia que estava trabalhando em um livro com Ben, eles invariavelmente voluntariavam elogios pelo maravilhoso presidente de departamento que ele havia sido.

A maioria dos presidentes de departamentos acadêmicos aceitam a posição de forma relutante e não tentam fazer muito enquanto estão na posição. Presidentes nesse molde raramente conseguem fortes reações dos membros de seu departamento. Em raros casos, no entanto, presidentes tentam energicamente mudar seus departamentos, e na maioria desses casos seus subordinados são rápidos em oferecer julgamentos negativos. Ben foi um presidente extremamente ativo em Princeton, supervisionando a contratação de mais de dez novos membros do corpo docente. No entanto, ele não sofreu praticamente nenhuma das consequências negativas das opiniões divergentes que cercavam quase todas as nomeações externas à faculdade.

Embora ele fosse com frequência a pessoa mais inteligente na sala, mesmo quando ela estava cheia de acadêmicos distintos, ele absolutamente não sentia necessidade de que os outros o vissem dessa forma. Entendo que boas ideias são mais propensas a serem aceitas o quanto mais amplamente o credito por elas pudessem ser compartilhados, Ben foi sempre rápido em citar as contribuições de outros.

Estes traços com certeza ajudam a explicar não apenas sua habilidade em conseguir apoio em nomeações controversas para a faculdade em Princeton, mas também sua habilidade de reunir o apoio de colegas inicialmente céticos no FED durante o resultado da crise financeira de 2008. Muitos no Conselho de Governadores do FED foram complacentes com os defensores da austeridade, que argumentavam a favor do dinheiro apertado e taxas de juros mais altas como a melhor forma de reestabelecer a confiança do investidor. Mas uma das especialidades acadêmicas de Ben foi uma análise histórica da Grande Depressão, e este trabalho o persuadiu de que a austeridade não só não seria de grande ajuda, mas na verdade aprofundaria a crise. Com o gasto total ainda muito abaixo do que o nível necessário para colocar as pessoas de volta ao trabalho, ele argumentou, a economia precisava de estímulo fiscal e monetário vigoroso. Ele não podia conseguir o estímulo fiscal que estava nas mãos de um Congresso determinado a tomar somente ações limitadas. Mas ele persuadiu muitos colegas inicialmente relutantes do FED a apoiar suas propostas para a expansão monetária mais agressiva que nosso banco central jamais havia tentado. A maioria dos macroeconomistas agora concordam que sem a liderança de Bernanke, a Grande Depressão teria sido ainda maior e mais teimosamente duradoura.

Um último ponto sobre Ben: Na economia, é comum que os coautores de livros e artigos sejam listados de forma alfabética, e a alta visibilidade profissional de Ben poderia ter gerado vendas adicionais para nosso livro se tivéssemos seguido essa convenção. No entanto, ele insistiu para o nosso editor que meu nome fosse primeiro. Não pareceria justo, ele explicou, ele ser listado primeiro, já que ele se juntou ao projeto somente após eu já ter definido a análise racional e escrito rascunhos dos capítulos de microeconomia, pelos quais eu estava primeiramente responsável.

Caracterizar o que faz de alguém um colega de time atraente é obviamente uma tarefa complexa. Espero que possamos concordar, no entanto, que as pessoas que reivindicam muito crédito por suas conquistas são vistas, devidamente, com ceticismo, e que aqueles que insistem que a sorte não teve um papel em seu próprio sucesso estão quase certamente reivindicando mais do que merecem.

Como os outros reagem a tais pessoas? Para explorar essa pergunta mais além, eu conduzi uma pesquisa *online* na qual pedi a dois grupos de sujeitos para lerem versões contrastantes de um excerto de uma entrevista com Harold Johnson, um empreendedor da biotecnologia altamente bem-sucedido. Embora o excerto fosse descrito como tendo saído de um segmento do *60 Minutes*, Johnson é de fato uma pessoa hipotética. Os detalhes de sua estória são completamente ficcionais.

As entrevistas foram escritas a meu pedido por Kirsten Saracini, mestranda em Artes do programa de escrita criativa de Cornell e amiga da família. Eu pedi que ela retratasse Johnson como alguém altamente competente e confiante, se não especialmente simpático. As duas versões que ela preparou eram idênticas exceto pelo parágrafo de conclusão. A parte em comum dizia o seguinte:

P: Você pode nos no contar uma breve história de como você passou de um trabalho administrativo na Universidade Estadual de Ohio (OSU) para presidir o Instituto H.J.?

R: Bem, eu aceitei aquele emprego em Columbus para que eu pudesse assistir algumas aulas de química básica de graça na universidade. Eu costumava esconder meus livros embaixo de uma pilha de envelopes – os tirava sempre que meu colega de cubículo não estava prestando muita atenção, sempre que eu não tinha muito trabalho para fazer. Então, esse foi o verdadeiro início. Eventualmente consegui meu bacharelado pela OSU e fiz meu doutorado em farmacologia em Yale. Você sabia que eles pagam o curso para você se você ensinar os calouros como acender um bico de Bunsen sem queimar os cabelos? Você provavelmente sabe disso.

Eu consegui publicar alguns artigos enquanto estava em Yale, então Harvard expressou algum interesse em mim e em meu trabalho. Eu expressei algum interesse em retorno e fui contratado e efetivado, e fiquei entediado, tudo isso em pouco mais de uma década. Era os anos 90 para mim. Então, consegui um emprego exuberante com meu próprio time de pesquisa no Instituto Nacional de Saúde (NIH). Nós estávamos fazendo pesquisas com potenciais de ação em disparo neuronal quando comecei a me distrair com um projeto paralelo que havíamos descoberto com mRNAs. O NIH expressou um pequeno interesse, mas estavam demorando muito para aprovar o projeto, conseguir o financiamento, blá blá blá, então uma vez que meu contrato acabou, eu caí fora.

Meu parceiro e eu fundamos o Instituto H.J. logo após eu ter apresentado um artigo em uma conferência em Berkeley. Um grupo de investidores nos abordou após a conferência e mostrou todo esse elaborado plano de negócios para angariar vinte milhões em menos de um ano para montar laboratórios, contratar pessoas sólidas e boas, sabe. Por volta de três anos depois, nós tínhamos uma patente que algumas empresas de remédios precisavam. Elas nos pagaram alguns lindos tostões para usá-la, então nós fomos capazes de fazer um trabalho realmente inspirador e interessante, ao invés de ficar correndo pelo mercado. Temos voado alto desde então.

No parágrafo final do que eu chamo de versão de habilidade da entrevista, Johnson enfatizou que o sucesso de sua empresa foi primeiramente uma consequência de habilidade e trabalho duro:

Mas o sucesso não simplesmente caiu em nossas mãos. Trabalhamos duro, e a experiência e intuição de mercado do meu sócio foram sem dúvidas fatores importantes. Mas muitas pessoas trabalham duro, e muitos especialistas são experientes no mercado. Os verdadeiros avanços no nosso laboratório foram altamente técnicos, e eu sou provavelmente o único que poderia tê-los tornado realidade.

Na versão da sorte, Johnson não disse nada mais sobre sua habilidade e esforço. Ao invés disso, ele apontou que sua empresa poderia não ter sido nem de perto tão bem-sucedida se não fosse por alguns eventos fortuitos:

Nós trabalhamos duro, mas também fomos sortudos. Eu consegui palestrar na conferência em Berkeley apenas porque outro palestrante cancelou de última hora. Se aqueles investidores não estivessem lá, se não tivessem visto algumas promessas na pesquisa, não sei se alguma da verdadeira mágica em nosso laboratório teria acontecido.

Uma ou outra dessas versões foram atribuídas aleatoriamente para dois grupos de quase trezentos sujeitos recrutados *online* pelo serviço MTurk da Amazon. Um grupo leu apenas a versão da sorte, o outro apenas a versão da habilidade. As instruções que sucederam os excertos, as mesmas para cada versão, foram as seguintes:

O que se segue é um excerto de uma entrevista de Morley Safer, no *60 Minutes*, com Harold Johnson, cofundador e chefe executivo do Instituto H.J., que foi nomeada Empresa do Ano, em 2013, pela revista *Biotechnology Magazine*. Após ler o excerto, por favor, responda a pequena lista de perguntas na página seguinte.

As perguntas, e as instruções para respondê-las, foram as que estão a seguir:

Para cada uma das três perguntas abaixo, indique sua probabilidade inserindo uma marca na escala de dez pontos apresentada. Acima de cada marca em cada caso, por favor, escreva o número correspondente (7.6, por exemplo).

1. Se você fosse o presidente de uma empresa muito maior que a de Johnson e tivesse a oportunidade de contratá-lo como vice-presidente sênior, qual seria a probabilidade de fazê-lo?

    Nem um pouco provável   **Extremamente provável**

    0   1   2   3   4   5   6   7   8   9   10

2. Qual a probabilidade, na sua opinião, de Harold Johnson concordar com a seguinte frase: "Ser bondoso com outras pessoas é importante".

    Nem um pouco provável   **Extremamente provável**

    0   1   2   3   4   5   6   7   8   9   10

3. Se você e Harold Johnson fossem vizinhos, qual seria a probabilidade de você e ele se tornarem amigos próximos?

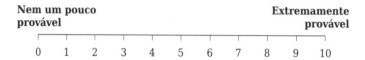

O propósito dessas perguntas era meramente sondar os sentimentos dos sujeitos sobre um empreendedor altamente bem-sucedido baseado em sua breve narrativa sobre seu caminho para o sucesso. As duas versões foram as mesmas por mais de 300 palavras, se diferenciando apenas no parágrafo final por menos de 60 palavras. No parágrafo final da versão da habilidade, Johnson credita seu sucesso ao trabalho duro e à habilidade – uma atribuição completamente plausível cuja a maioria das pessoas sensatas não faria objeção. Muitas também não fariam objeção ao parágrafo final da versão da sorte, na qual Johnson reconhece que ele também se beneficiou de um pouco de sorte.

Pode parecer, então, que os sujeitos não encontrariam embasamentos atraentes para oferecerem respostas diferentes às perguntas acima. Minha conjectura, no entanto, era a de que os sujeitos que lessem a versão da sorte estariam mais dispostos favoravelmente em relação a Harold Johnson do que aqueles que leriam a versão da habilidade. E em um estudo piloto anterior, no qual os sujeitos eram estudantes de MBA, isso foi, de fato, o que descobrimos. Em cada uma das três perguntas listadas acima, sujeitos que leram a entrevista com a versão da sorte responderam significativamente mais favoráveis a Harold Johnson do que aqueles que leram a versão da habilidade.

No estudo seguinte, envolvendo sujeitos recrutados *online*, as diferenças nos padrões de respostas foram menores e menos consistentes. Para a pergunta sobre se eles contratariam Johnson, sujeitos femininos reportaram uma média de probabilidade mais alta na versão da sorte do que na versão da habilidade, mas o padrão foi o contrário para os sujeitos masculinos. Quando as respostas masculinas e femininas foram agrupadas para essa questão, não houve diferença significativa entre a média das versões da habilidade e da sorte. Dividindo os sujeitos entre aqueles com bacharelado ou diplomas mais altos e os outros, produziu um padrão similar para essa questão: os sujeitos mais educados disseram que seriam mais propensos a contratar Johnson na versão da sorte do que na versão da habilidade, mas o padrão de resposta foi o inverso entre os sujeitos menos educados. Aqui, também, as diferenças não foram estatisticamente significantes.

Respostas para a segunda e a terceira questão rastrearam minha expectativa muito mais de perto. Como mostra a figura 8.1, sujeitos que leram a entrevista com a versão da sorte relataram ambas uma média mais alta de probabilidade de se tornarem amigos de Johnson e uma média mais alta de probabilidade de que ele acreditaria que a bondade para com os outros seria importante, justamente como o estudo piloto anterior. Para estas duas perguntas, padrões de respostas foram essencialmente o mesmo para ambos sujeitos masculinos e femininos e ambos sujeitos mais e menos educados.

FIGURA 8.1. MÉDIA DE RESPOSTAS PARA AS PERGUNTAS DE AMIZADE E BONDADE

A.

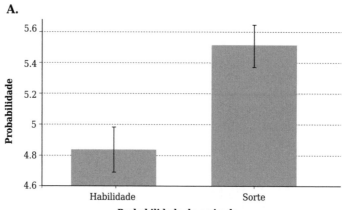

B.

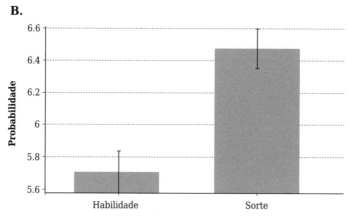

Habilidade/amizade: 301 observações, média = 4.833887;
habilidade/bondade: 301 observações, média = 5.704319;
Sorte/amizade: 307 observações, média = 5.511401;
sorte/bondade: 305 observações, média = 6.47541.

Então, embora as diferenças tenham sido modestas e não completamente consistentes, sujeitos que leram a versão da entrevista onde Johnson reconhece o papel da sorte em seu sucesso tiveram uma opinião sobre o homem mais favorável no geral. Eles pensaram que seriam mais propensos a serem amigos dele e que ele seria mais propenso a valorizar a bondade para com os outros, sugerindo que eles viram o Johnson apresentado na versão da sorte como o potencial colega de time mais atraente. Estas descobertas estão alinhadas com a visão convencional de que modéstia, dentro dos limites, é uma qualidade pessoal atraente.

Resumindo, pode ser de seu interesse reconhecer o papel da sorte em seu sucesso se por isso as pessoas vão pensar melhor de você por assim ter feito. Evidências sugerem que isso o fará se sentir mais feliz. E por tornar você um potencial colega de time mais atraente, o mero fato dos outros pensarem melhor de você pode também torná-lo mais propenso a prosperar em termos puramente materiais.

Como já observei, a difundida tendência humana de atribuir o sucesso à habilidade e esforço e o insucesso à má sorte pode ser psicologicamente adaptável em alguns casos. Mas, em equilíbrio, eu acredito que é de nosso interesse abraçar atribuições mais realistas. Assim como pode frequentemente ser de nosso interesse reconhecer o papel da sorte em nossos sucessos, também poderemos por bem invocar a desculpa da má sorte com menos frequência. Por exemplo, eu estaria melhor, com certeza, se tivesse passado menos anos me arrependendo do meu infortúnio de ter tido meu sonho de me tornar um grande jogador da liga de beisebol destruído prematuramente.

Quando garoto, beisebol era quase tudo o que me importava. Até meu último ano de elegibilidade para a competição da pequena liga no sul da Flórida, eu pratiquei como batedor e receptor durante quase todas as horas do dia disponíveis. Graças a um amigo bem conectado, fui contratado como gandula pelo então Brooklyn Dodgers para sua série de exibições anual de dez jogos na primavera no Miami Stadium. Por duas temporadas eu consegui passar longas horas com estrelas do Dodger como PeeWee Reese, Roy Campanella e Sandy Koufax. Que emoção era escutar suas estórias e me aquecer em seus encorajamentos! Eu estava certo de que o baseball era a vida que eu estava destinado a viver.

Aos treze anos, no entanto, eu havia comprado uma motocicleta, e os empregos que eu trabalhava para poder pagar por ela me forçaram a sair da competição organizada. Dois anos depois, a motocicleta era história, e eu decidi voltar ao beisebol mais uma vez. Nesse meio tempo, eu havia me mudado para um distrito escolar diferente, então não fazia parte da corrente do time da minha nova escola. Ainda assim, no primeiro dia de treino, eu rebati claramente para fora do campo todas as bolas que vieram em minha direção, lancei de forma precisa, e rebati bruscamente várias bolas durante os treinos como batedor. No dia seguinte, no entanto, recebi a notícia de que não havia sido selecionado para o time.

Eu estava arrasado, e durante muitos anos depois senti um arrependimento profundo por ter estupidamente largado o beisebol por aqueles dois anos. Eu fui um bom jogador, pensava, e se tivesse continuado, tinha certeza que teria acabado em uma das grandes ligas.

Uma vez que comecei a estudar os mercados do tudo ou nada como economista profissional, no entanto, comecei a entender quão ingênua havia sido aquela expectativa. Os números contam uma história dramaticamente diferente da que eu havia imaginado quando garoto. Mesmo que eu tivesse continuado a jogar e tivesse ido bem nas competições escolares, eu provavelmente não teria sido convocado por um time profissional. Mas mesmo que eu tivesse sido, o desfecho provavelmente esmagador teria sido rodar em ônibus das ligas menores por dez anos antes de perceber que eu nunca estaria entre os maiores.

Neste caso, eu me encontraria com 28 anos de idade, com apenas um diploma do ensino médio, tendo que descobrir o que fazer da vida. Como as coisas aconteceram, no entanto, eu estava ensinando Economia na Universidade de Cornell aos 28, tendo terminado meu doutorado um ano antes. Considerando tudo, então, lamentar a minha chance perdida de continuar jogando beisebol foi uma perda de energia colossal.

No curso normal dos acontecimentos, poucos de nós pensa muito sobre como eventos aleatórios aparentemente menores alteram com frequência nossas vidas profundamente. Incapacidade de dar a sorte o que lhe pertence não é, claro, a única razão de que temos falhado em manter ambientes que tantos de nós temos sido sortudos o bastante de desfrutar. Mas tem sido um fator contribuinte. A boa notícia é que algumas mudanças relativamente simples nas políticas públicas poderiam liberar as fontes que precisamos para restaurar esses ambientes sem demandar sacrifícios dolorosos de alguém.

Meu argumento pela mudança é um que apela diretamente para o interesse próprio. Poderíamos trazer os incentivos de gastos individuais para um alinhamento muito mais próximo com os interesses mais amplos da sociedade simplesmente raspando nossa atual renda de impostos em favor de um imposto progressivo muito mais íngreme em cada gasto de consumo anual familiar. Este passo reduziria as recentes altas taxas de crescimentos de gastos com mansões, carros, joias e comemorações de ocasiões especiais. Nem um resquício de evidência sugere que tal mudança faria os principais ganhadores menos felizes. Se todas as mansões fossem um pouco menores, todos os carros um pouco menos caros, todos os diamantes um pouco mais modestos e todas as comemorações um pouco menos custosas, os padrões que definem o "especial" em cada caso se ajustaria de acordo, deixando as pessoas bem-sucedidas tão felizes quanto antes.

É importante se ter em mente este ponto ao pesar uma das objeções mais comuns a qualquer proposta que geraria renda de imposto adicional: As pessoas dizem frequentemente que estariam dispostas a pagar impostos mais altos em apoio aos bens públicos exceto pelo medo de que o governo simplesmente gaste o dinheiro. Mas mesmo que exista de fato pontes para lugar nenhum e outros exemplos claros de gastos governamentais, a maioria das pessoas admitem que uma grande porção do orçamento do governo é gasto com bens e serviços públicos que realmente apresentam um valor real. Isto está em forte contraste com o crescimento que temos visto em consumo privado nos mais altos níveis, muito do qual é desperdiçado em lutas posicionais armadas infrutíferas. Ao contrário da crença popular, o gasto privado não é apenas bem mais predominante do que o gasto governamental, mas também bem mais fácil de se reduzir.

A conclusão é que cidadãos ricos com até mesmo a visão mais desconfiada do governo deveriam analisar a adoção de um imposto de consumo progressivo como um passo essencialmente sem riscos. Pelo menos *alguns* bens públicos úteis seriam adquiridos com a renda adicional, afinal de contas, e a menos que alguém esteja preparado para argumentar que triplicar mais uma vez as quantias gastas com casamentos faria as pessoas mais felizes, virtualmente nada de valor seria sacrificado.

Como o cientista político, Robert Putnam, argumentou em seu livro, *Our Kids*, há também um caso moral atraente para se reconstruir os ambientes que nutrem o sucesso.[10] Se respaldando em parte em estudos de casos de famílias em sua cidade natal, Port Clinton, Ohio, Putnam ilustra como as crescentes brechas de renda têm diminuído profundamente as oportunidades disponíveis para crianças de baixa renda. Seus estudos de caso são reforçados por dados mais sistemáticos da Pesquisa Educacional Longitudinal pelo Departamento de Educação. Sair na frente sem uma educação universitária tem se tornado um crescente desafio formidável, e isso tem sido um golpe devastador para as crianças de famílias de baixa renda. Como mostrado na figura 8.2, por exemplo, as crianças dessas famílias com as melhores notas de matemática na oitava série são, na verdade, menos prováveis de conseguir um diploma de bacharelado do que as crianças de famílias de classe alta com as piores notas.[11] E com a mensalidade universitária aumentando mais rápido do que até mesmo cuidados médicos, crianças de famílias de baixa renda que conseguem seus diplomas estão se formando com pesos de empréstimos estudantis esmagadores.

Performance em matemática da oitava série

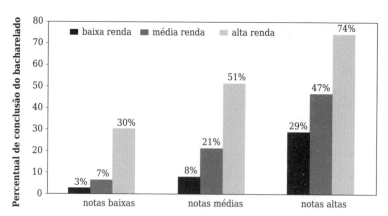

FIGURA 8.2. REALIZAÇÃO EDUCACIONAL E STATUS SOCIOECONÔMICO

Fonte: FOX, M. A.; CONNOLLY, B. A.; SNYDER, T. D. *Youth Indicators 2005: Trends in the Well-Being of American Youth*. Disponível em: <https://goo.gl/ybimxF>. Acesso em: 13 jul. 2017.

Políticos em ambos os lados do corredor celebram o Sonho Americano, o ideal de que pessoas talentosas que trabalham duro e obedecem às regras podem chegar à frente, independente do histórico de suas famílias. Como Putnam argumenta de forma persuasiva, este sonho está agora em farrapos. Poucas pessoas podem se sentir orgulhosas que as barreiras para o sucesso têm se tornado muito mais formidáveis para crianças de famílias pobres. E já que podemos facilmente pagar para se fazer algo quanto a isso, como podemos justificar essa contínua inação?

Putnam tem sido um amigo por muitos anos, e nós discutimos nossos atuais projetos de livros quando o encontrei para um café durante uma visita a Cambridge no outono de 2014. Eu expliquei porque achava que os tipos de investimentos públicos que nós dois defendíamos seriam mais prováveis de acontecer se os ricos percebessem que esses investimentos beneficiariam não somente os pobres, mas a eles mesmos também. Sem contestar esse ponto, Bob argumentou que uma mudança social significativa era quase sempre precipitada por argumentos morais ao invés de serem baseadas em interesse próprio estreito. Ele adicionou que sua expectativa para *Our Kids* era que ele ajudaria a iniciar a conversa moral necessária para incitar uma ação política. Eu disse que compartilhava de sua expectativa, mas me perguntava se argumentos morais por si só seriam suficientes para ultrapassar a influência de muito dinheiro no clima político atual. Os ricos têm desenvolvido razões morais próprias por não tomarem as atitudes que defendemos, e eles agora possuem megafones extremamente grandes.

O ponto importante, no entanto, é que nesse caso simplesmente não existe conflito entre a moral e o interesse próprio. Sim, existem argumentos morais atraentes para se aumentar nosso investimento no futuro de nossas crianças; mas como enfatizei, estes mesmo investimentos promoveram os interesses estreitos de cidadãos ricos que devem pagar uma parte desproporcional de seu custo.

De fato, um tema de longa data em meu próprio trabalho tem sido que o conflito entre a moral e o interesse próprio é menos severo do que muitos presumem. Em um livro de 1988, por exemplo, eu usei o experimento mental descrito anteriormente nesse capítulo para ilustrar o quanto pessoas genuinamente honestas podem prosperar até mesmo nos ambientes competitivos mais amargos.[12] Em situações que requerem confiança, pessoas confiáveis são extremamente valiosas. Se pudermos, de fato, identificar tais pessoas, como o experimento mental sugere, suas recompensas podem compensá-las adequadamente por quaisquer ganhos que elas renunciem por não trapacear.

Mudança é sempre difícil. Mas falhar em mudar, às vezes, acarreta uma dificuldade ainda maior. Vivendo em comunidades privadas e tomando outras formas de ação evasiva, pessoas bem-sucedidas têm sido capazes de escapar de algumas consequências dos recentes cortes agudos em gastos de infraestrutura. Mas tem sido impossível de escapar de muitas outras consequências. Não é prático, por exemplo, fazer cada viagem curta de helicóptero. Nem ser rico lhe isola dos perigos e desconfortos de aeroportos congestionados e rodovias públicas pobremente mantidas. Possuir uma fábrica não lhe isola do fracasso de nossas escolas em produzir trabalhadores qualificados o bastante.

O Congresso, como constituído atualmente, é, claro, improvável de considerar a adoção de quaisquer novos impostos. Mas com dezenas de milhões de aposentadorias adicionais pairando, o país será inundado pelo débito a não ser que possamos encontrar novas fontes de renda. Nós podemos esperar que a inevitável crise financeira ocorra. Ou podemos começar a conversar agora sobre porque faria mais sentido tomar uma ação mais rapidamente.

À luz de minha história pessoal, eu me considero afortunado não apenas por estar vivo, mas por poder participar desta conversa. As coisas poderiam tão facilmente terem se resolvido de forma diferente. Uma parada cardíaca repentina priva o cérebro de oxigênio, o que provavelmente explica porque eu fui incapaz de formar novas memórias durante os primeiros dias que se seguiram do meu colapso na quadra de tênis, naquela manhã, de meados de novembro em 2007. Você pode imaginar o profundo alívio da minha família quando esse problema pareceu desaparecer repentinamente no quarto dia. (Eu teria ficado profundamente aliviado, exceto que eu não estava nem ciente de que tinha um problema.) Ainda sem resolução na época, no entanto, era se eu poderia ter sofrido qualquer déficit cognitivo de um tipo mais sútil a longo prazo.

Para ver como eu estava, fui, em janeiro de 2008, para um acompanhamento com meu neurologista, que havia me examinado quando eu estava no hospital. Um dos exames que ele me passou em novembro foi perguntar se eu conseguia lembrar três simples palavras – chapéu, sapato e caneta – que ele havia me pedido para manter em mente alguns minutos antes. Familiares me dizem que eu não conseguia lembrar nenhuma delas, ou mesmo que ele tivesse me pedido para guardar três palavras em mente.

Nas semanas seguintes, quando evidências da minha recuperação continuavam a se acumular, minha incompetência com essa tarefa se tornou uma piada corriqueira na família. Um dos meus presentes de natal da minha esposa e nossos filhos foi uma caixa titulada "o grande triunvirato". Eles me pediram para adivinhar as três coisas que estavam na caixa. Claro, eu não fazia ideia. Quando a abri para ver um chapéu Tilley, uma caneta Cross e um minúsculo sapato que Ellen havia moldado em argila, eles explicaram que estas eram as três palavras sobre as quais o neurologista havia me questionado. Na manhã antes de ir para meu acompanhamento com o neurologista, pedi Ellen para me testar com três novas palavras. "Árvore, caixa, esquilo", ela disse, então me perguntou cinco minutos depois se eu as podia repetir. Antes de responder, perguntei a ela se ela conseguia lembrar delas. Ela não conseguia. (Esse teste é mais difícil do que parece!) Mas fiquei aliviado que eu conseguia.

Chapéu, sapato, caneta.

Por volta de quinze minutos da minha sessão com o neurologista naquela tarde, ele me disse que iria pedir que eu lembrasse de três palavras. Ellen e eu fizemos de tudo para não cair na gargalhada quando ele usou as mesmas três palavras que havia usado em novembro – chapéu, sapato e caneta! (Claro que ele usaria as mesmas palavras toda vez. Do contrário, como ELE lembraria delas?) Quando ele perguntou se eu conseguia lembrar delas cinco minutos depois, eu momentaneamente dei um branco. Mas então a imagem de um chapéu, sapato e caneta na minha caixa de presente de natal surgiu diante dos meus olhos, e eu sai de lá com um atestado de saúde.

Com o tempo extra que me foi dado, tenho continuamente tentado explicar porque poucas mudanças relativamente simples na política poderiam produzir melhorias drásticas para todos nós. Se as ideias que apresentei aqui fazem sentido para você, eu espero que você as discuta com outras pessoas. Se mudarmos o curso, será por causa de conversas como estas. Seja encorajado, como eu fui, de que a opinião pública sobre qualquer assunto surge de um processo dinâmico e complexo no qual o que as pessoas julgam razoável de se acreditar depende em parte do que seus colegas de conversa acreditam. A conclusão é que embora crenças populares possam permanecer em disparidade com a realidade por períodos consideráveis de tempo, o consenso pode mudar com uma velocidade surpreendente uma vez que bons argumentos começam a encontrar seus lugares. E estes argumentos só podem se espalhar com uma conversa por vez.

APÊNDICE 1

RESULTADOS DE SIMULAÇÃO DETALHADOS PARA O CAPÍTULO 4

Este apêndice fornece uma descrição mais detalhada das simulações discutidas no capítulo 4, o qual explora o papel de pequenas influências aleatórias em resultados de concursos.[1] Cada concurso simulado toma a forma de um torneio tudo ou nada cujo resultado depende apenas de performance. A performance é objetivamente mensurável, e qualquer competidor que tenha a maior pontuação total em performance vence.

Para lhe ajudar a ter uma ideia para os exemplos um pouco mais detalhados a seguir, começarei com um simples no qual a performance depende apenas de habilidade e na qual a habilidade de cada participante é denotada por um número aleatório que é igualmente provável de ficar entre 0 e 100.

Para esta simples distribuição, o nível médio de habilidade é 50:

Conforme mais pessoas entram no concurso, veremos um alcance maior de níveis de habilidade observados dentre os participantes. Isso significa que o quanto mais participantes existirem, mais dispersos seus níveis de habilidades serão e, consequentemente, maior o nível mais alto de habilidade entre eles será:

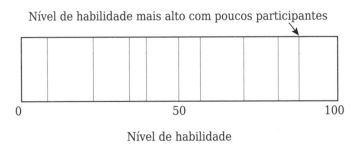

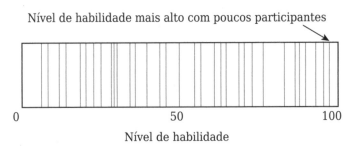

Se observássemos milhares de concursos, cada um com apenas dois participantes, o nível médio de habilidade do melhor entre os dois seria 66.7. O nível médio de habilidade do inferior entre os dois seria 33.3.

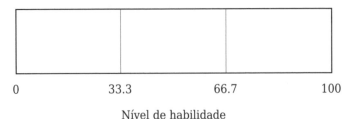

Semelhantemente, o nível médio de habilidade do melhor entre três participantes seria 75:

Nível de habilidade

E o nível médio de habilidade do melhor entre quatro participantes seria 80:

Nível de habilidade

De forma mais geral, o valor médio do nível de habilidade mais alto observado em um concurso com N participantes seria $100[N/(N+1)]$:

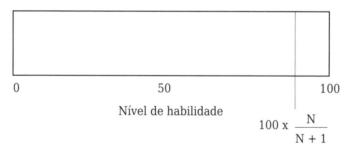

Para este exemplo, o nível de habilidade mais alto esperado ascende solidamente com o número de participantes, mas uma vez que o número de participante aumenta, os ganhos se tornam extremamente pequenos:

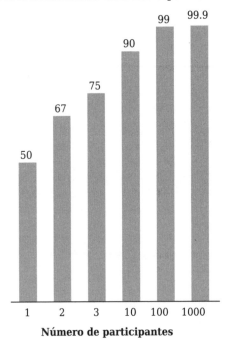

Nível de habilidade mais alto esperado

Número de participantes

Agora vamos acrescentar a sorte a esse cenário. Como antes, a habilidade de cada participante é um número aleatório igualmente provável de tomar qualquer valor entre 0 e 100. Mas, desta vez, a performance depende não apenas da habilidade, mas também de sorte, que também é um número aleatório igualmente provável de tomar qualquer valor entre 0 e 100. Para retratar a importância relativa a habilidade e sorte, assumirei que a performance de cada participante é uma soma ponderada de valores da habilidade e sorte, com o maior peso na habilidade e apenas uma pequena quantia na sorte. Por exemplo, se supormos que a performance depende 95% de habilidade e apenas 5% de sorte, um candidato com, digamos, um nível de habilidade de 90 e um nível de sorte de 60 teria um nível de performance de 0.95 x 90 + 0.05 x 60 = 88.5, apenas um pouco abaixo do nível de habilidade dele.

Já que a sorte é um conceito inerentemente aleatório, a suposição mais natural é que habilidade e sorte não estão correlacionadas. Então, o participante mais habilidoso não é mais provável de ser mais sortudo do que qualquer outra pessoa. Por exemplo, o competidor mais habilidoso em um campo de 1.000 teria um nível de habilidade esperado de 99.9, mas um nível de sorte esperado de apenas 50.

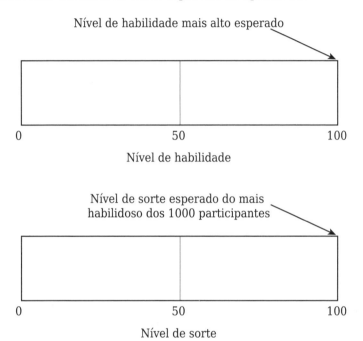

Segue que o nível de performance esperado do mais habilidoso de 1.000 participantes é P = 0.95 x 99.9 + 0.05 x 50 = 97.4, o que é apenas 2.6 pontos abaixo do valor máximo. Mas com 999 outros participantes, esta pontuação geralmente não será boa o bastante para se vencer.

Com 1.000 participantes, esperamos que dez tenham níveis de habilidade de 99 ou mais altos. Dentre esses dez, o nível de sorte mais alto esperado é (10/11) x 100 = 90.9. A pontuação de performance mais alta esperada entre 1.000 participantes deve, portanto, ser pelo menos P = 0.95 x 99 + 0.05 x 90.9 = 98.6, o que é 1.2 pontos mais alta do que a pontuação de performance esperada para o participante mais habilidoso.

Resumindo, com 1.000 participantes, existirá, quase sempre, um que é quase tão talentoso quanto o participante mais talentoso, mas também significativamente mais sortudo. A conclusão é que até mesmo quando a sorte conta em apenas uma pequena fração da performance total, o vencedor de um grande concurso raramente será o participante mais habilidoso, mas geralmente será um dos mais sortudos.

As imagens abaixo descrevem os resultados de algumas simulações adicionais nas quais a performance depende de três fatores: habilidade, esforço e sorte. Nestes exemplos, habilidade e esforço contam igualmente e juntos foram a maior parcela de qualquer performance total de um participante.

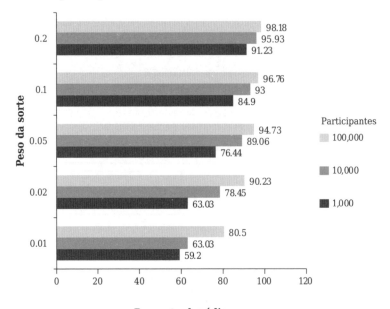

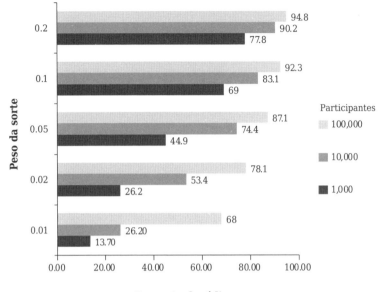

Percentual médio

A parcela de sorte das performances varia dentre os exemplos, com pesos variando entre 1% e 20%. Para cada conjunto de pesos, também permito que o número de participantes mude, variando de 1.000 a 100.000. O número de participantes em cada simulação é 1.000. Todas as pontuações por habilidade, esforço e sorte são números reais que são igualmente prováveis de tomar qualquer valor entre 0 e 100.

A figura A1.1 mostra a pontuação média de sorte do vencedor para estas simulações, e a figura A1.2 mostra a percentagem de vencedores que NÃO se colocaram em primeiro na pontuação habilidade + esforço dentre seus colegas participantes.

APÊNDICE 2

PERGUNTAS FREQUENTES SOBRE O IMPOSTO DE CONSUMO PROGRESSIVO

QUAL A DIFERENÇA ENTRE UM IMPOSTO DE CONSUMO PROGRESSIVO E OUTRAS FORMAS DE IMPOSTOS DE CONSUMO, TAIS COMO O IMPOSTO DE VENDAS E O IMPOSTO SOBRE O VALOR AGREGADO?

Impostos de valor agregado são similares aos familiares impostos de vendas cobrado na maioria dos estados. Propostas recentes para se adotar um "imposto plano" pedem que se substitua o atual imposto de renda por um imposto nacional de vendas. Com impostos de vendas, que são normalmente cobrados no caixa, compradores pagam uma porcentagem fixa dos valores de vendas pré-impostos dos bens que adquirem. Um imposto sobre o valor agregado é, como o nome sugere, um imposto cobrado no aumento do valor que ocorre em cada etapa pela qual o bem passa durante o processo de produção. Funcionalmente, os impostos sobre o valor agregado são essencialmente equivalentes aos impostos de vendas padrão. Em cada caso, compradores acabam pagando um imposto que é uma percentagem fixa do preço de qualquer coisa que comprem.

Em contraste, um imposto de consumo progressivo não é cobrado no caixa ou em cada etapa do processo de produção, nem é uma percentagem fixa do valor de cada bem adquirido. Como o familiar imposto de renda, é pago uma vez a cada ano, mas ao invés de ser cobrado sobre uma renda tributável, é cobrado sobre um consumo tributável.

Consumo tributável, por sua vez, é calculado como a renda tributável menos adições anuais a poupanças menos a enorme dedução padrão. Por exemplo, se uma família tem uma renda tributável de 60 mil por ano, e seu saldo de poupança tiver crescido 10 mil durante o ano, e se o a dedução anual padrão é de 30 mil, o consumo tributável para aquele ano seria 60.000 - 10.000 - 30.000 = 20.000.

Uma vez que a família computou seu consumo tributável, a quantia de impostos que ela deve seria encontrada em uma tabela publicada pelas autoridades fiscais (assim como a família iria atualmente consultar tal tabela para descobrir o quanto de imposto de renda ela deve). Com um imposto de renda progressivo, a taxa cobrada nos primeiros dólares que uma família ganha é baixa, e as taxas em rendas adicionais então aumentam gradualmente. Sob um imposto de renda progressivo, semelhantemente, as taxas também começariam baixas e então aumentariam gradualmente enquanto o consumo tributário aumenta.

Já que o imposto de consumo progressivo isenta poupanças de tributação, as taxas marginais de impostos nos mais altos níveis de consumo teriam que ser mais altas do que sob o atual imposto de renda para manter nossos níveis de receita fiscal.

COMO O PAGAMENTO DE EMPRÉSTIMOS E FINANCIAMENTOS SERIAM MANEJADOS SOB UM IMPOSTO DE CONSUMO PROGRESSIVO?

Empréstimos tirados durante qualquer ano seriam tratados, por razões fiscais, como poupanças negativas. Se nossa família hipotética com renda tributável de 60 mil e uma poupança anual de 10 mil também tivesse tirado um novo empréstimo de 5 mil durante o ano fiscal, seu consumo tributável anual (supondo a mesma dedução padrão de 30 mil) seria 60.000 - 10.000 + 5.000 - 30.000 = 25.000, ou 5 mil a mais do que se não tivessem tirado o empréstimo. Pagamentos de empréstimos seriam tratados simetricamente – isto é, equivalentes a poupanças positivas.

COMO A COMPRA DE CASAS E OUTROS BENS DURÁVEIS CAROS SERIAM TRATADOS SOB UM IMPOSTO DE CONSUMO PROGRESSIVO?

Pelas casas durarem um longo tempo, uma família que compra uma casa de 1.000.000 de dólares em um determinado ano fiscal aumenta, na verdade, seu consumo de serviços de moradia em apenas uma pequena fração dessa quantia durante aquele ano. Seria necessário, portanto, espalhar tais gastos duráveis extensos por muitos anos, muito como o atual sistema de impostos faz agora com diversos tipos de investimentos de negócios. Com um esquema de suavização de vinte anos, por exemplo, a compra de uma casa de 1.000.000 de dólares seria contabilizada como um consumo de 50.000 durante cada um dos próximos vinte anos.

IMPOSTOS DE CONSUMO NÃO SÃO EXTREMAMENTE REGRESSIVOS?

Impostos de vendas convencionais e sobre o valor agregado são, de fato, altamente regressivos, pela simples razão de que famílias de classe alta poupam em taxas significativamente mais altas do que outras famílias. A principal objeção a impostos planos e outros impostos de vendas é sua regressividade (embora os proponentes dos impostos planos tenham oferecido propostas – principalmente para isentar necessidades básicas de tributação – isso os faria menos regressivos). O imposto de consumo progressivo, por desenvolvimento, não é um imposto regressivo. Pelo contrário, sua estrutura de taxa pode ser ajustada para alcançar qualquer grau de progressividade desejado.

O IMPOSTO DE CONSUMO NÃO INIBIRIA OS GASTOS, FAZENDO COM QUE A ECONOMIA DESACELERASSE?

Sim, mas apenas se a economia já estivesse vagarosa de início. O problema básico que aflige uma economia que opera com menos do que empregabilidade total é que baixos níveis de gasto total permitem que produtores sirvam seus clientes sem ter que contratar todos que querem trabalhar. Então, fazendo dos valores pós-imposto de bens de consumo mais altos, o imposto de consumo iria, de fato, inibir gastos, exacerbando uma economia já vagarosa. Já que a economia da maioria das nações não se recuperou por ainda completo da crise financeira global de 2008, a adoção de um imposto de consumo progressivo deveria ser adiada até que a empregabilidade total tenha sido mais uma vez restaurada.

Uma vez que isso aconteça, o imposto de consumo progressivo deveria ser introduzido lentamente, permitindo que ele substitua gradualmente o imposto de renda. Enquanto as pessoas respondessem aumentando suas poupanças levemente, o efeito primeiramente seria produzir uma pequena redução na parcela da produção nacional consumida. Da mesma forma, a disponibilidade de poupanças adicionais faria com que as taxas de juros caíssem, o que daria as empresas um incentivo para aumentar seus investimentos de gastos. Para cada dólar que diminuísse em consumo, então, aumentaria um dólar nos investimentos, deixando o gasto total o mesmo que antes. A habilidade de uma economia de alcançar empregabilidade total depende de seu gasto total, não de como esse total é repartido entre consumo e investimento. Então, um imposto de consumo progressivo não faria a economia desacelerar, previsto que já estivesse funcionando com empregabilidade total.

Pelo contrário, o imposto de consumo progressivo na verdade estimularia o crescimento econômico a longo prazo em uma economia completamente empregada. Com maior investimento e menor consumo, mais trabalhadores seriam empregados para produzir bens de investimento e menos para produzir bens de consumo. Com o tempo, investimentos mais altos aumentariam a produtividade do trabalhador, levando a salários maiores e crescimentos na renda nacional mais rápidos. Uma vez que a renda nacional tenha crescido o suficiente, a quantia total de consumo na economia na verdade excederia o que teria sido sob o imposto de renda (mesmo que o consumo constituísse uma proporção menor da produção total).

COMO A TRANSIÇÃO DO ATUAL SISTEMA PODERIA SER MELHOR ADMINISTRADA?

Legisladores em uma economia vagarosa poderiam acelerar imensamente a recuperação dos níveis de gastos totais adotando um imposto de consumo progressivo imediatamente, mas anunciando que sua transição gradual começaria apenas depois que a economia estivesse de volta com emprego total. Famílias de classe alta que estavam pensando em construir mansões maiores ou preparando celebrações caras no futuro iriam querer acelerar essas comprar, assim escapando do imposto. Milhares de bilhões de dólares de gastos de consumo adicionais produziriam estímulo econômico imediato sem requerer qualquer gasto adicional governamental.

Poderia ser ainda melhor, claro, estimular a economia acelerando gastos com infraestrutura há muito atrasados. Mas se isso não for uma possibilidade, induzir os ricos a construírem mansões maiores seria melhor do que a inação.

COMO A MUDANÇA PARA UM IMPOSTO DE CONSUMO PROGRESSIVO AFETARIA A HABILIDADE DO GOVERNO DE ESTIMULAR A ECONOMIA DURANTE RECESSÕES?

O desafio do governo em uma economia abatida é estimar gastos de qualquer forma possível. Uma forma é aumentar o gasto governamental diretamente. Uma segunda forma é os bancos centrais estimularem investimento reduzindo as taxas de juros. E sob o atual imposto de renda, uma terceira forma é estimular o gasto de consumo cortando o imposto de renda temporariamente.

Infelizmente, cortes temporários no imposto de renda são medidas de estímulo fracos na prática, pois os consumidores tendem a poupar sua renda extra disponível do que gastá-la. Poupar mais é uma resposta racional frente à incerteza de um emprego, mas não faz nada para estimular a economia abatida.

Uma economia operando sob um imposto de consumo progressivo tem uma solução para o estímulo muito mais poderosa a sua disposição. Isso porque a única forma dos consumidores poderem se beneficiar de uma redução temporária no imposto de consumo progressivo é gastando mais dinheiro imediatamente. Eles não receberão benefício algum de qualquer consumo que eles posterguem até depois do corte temporário ter expirado.

POR QUE NÃO SERIA MELHOR IMPOR OS IMPOSTOS DE CONSUMO APENAS AOS ITENS DE LUXO?

Muitas sociedades têm estabelecido impostos em itens de luxo específicos em um esforço para frear o gasto visto como desperdício, mas na prática estes impostos têm geralmente se mostrado contra produtivos. O problema é que o conceito de luxo é altamente elástico. Se um bem é taxado como um luxo, consumidores podem simplesmente mudar para bens não taxados que satisfazem seus mesmos desejos básicos. Séculos atrás, por exemplo, um país taxou botões de ouro, somente para ver se os ricos mudariam para botões de marfim esculpido. Outro problema é que taxar bens específicos como sendo de luxo quase garante um atoleiro legislativo, já que lobistas de cada indústria tentam persuadir o Congresso que seu produto em particular é uma necessidade que deveria ser isenta.

Taxar gastos totais em proporções progressivas não exige que o Congresso faça julgamentos sobre quais bens são de luxo, muito menos cria incentivos para os consumidores trocarem por substitutos não taxados. Já que altas taxas de impostos marginais se aplicam apenas a gastos além de um alto limite, o julgamento implícito é o de que tais gastos são raramente em coisas que a maioria das pessoas julgariam necessidades.

NÃO SERIA INJUSTO TAXAR S APOSENTADOS QUANDO ELES CONSUMIREM SUAS POUPANÇAS, JÁ QUE ELES JÁ PAGARAM IMPOSTOS DE RENDA SOBRE O DINHEIRO QUE GUARDARAM?

Sim, e por essa razão seria essencial que o dinheiro poupado sob o atual sistema de imposto de renda fosse isento de taxação adicional quando as poupanças fossem sacadas durante a aposentadoria.

POR QUE OS EXTREMAMENTE RICOS NÃO IRIAM SIMPLESMENTE IGNORAR O IMPOSTO DE CONSUMO PROGRESSIVO?

É verdade que muitos dos ricos hoje poderiam aumentar seus atuais gastos em dez vezes e ainda ter centenas de milhões remanescentes em suas contas até suas mortes. Embora estas pessoas possam continuar bancando os gastos em sua atual proporção, mesmo frente a um íngreme imposto de consumo progressivo, evidências sugerem que elas não o fariam. Muitos dos residentes mais ricos de Manhattan, por exemplo, podem comprar o prédio inteiro que abriga seus atuais apartamentos, ainda assim é incomum para eles ocuparem apartamentos maiores do que 900 metros quadrados. Se estes mesmos residentes morassem em Houston ou Cleveland, no entanto, a maioria viveria em casas com mais de 1.800 metros quadrados. Eles escolherem moradias menores em Manhattan é uma evidência clara de que até os ricos respondem a sinais de preços. O custo do metro quadrado imobiliário em Manhattan é mais do dobro de outras cidades, o que induziu a maioria dos residentes de Manhattan a se conformarem com apartamentos menores. Uma consequência indireta é que, já que outros moradores de Manhattan estão vivendo em espaços menores, o quadro de referências por lá mudou de forma que pequenos espaços parecem ser o bastante, mesmo para aqueles que poderiam facilmente pagar mais.

COMO UM IMPOSTO DE CONSUMO PROGRESSIVO
DESACELERARIA AS CASCATAS DE GASTOS QUE CRIAM
A PRESSÃO FINANCEIRA NA CLASSE MÉDIA?

Já que até mesmo os ricos respondem a incentivos de preços, um imposto de consumo progressivo induziria aqueles no topo da escada de renda a gastar menos. Eles construiriam menores adições a suas mansões, dariam festas menos extravagantes para celebrar ocasiões especiais, gastariam menos em automóveis e joias e por aí em diante. Isso mudaria o quadro de referência que molda as demandas daqueles logo abaixo deles, que circulam nos mesmos círculos sociais, deste modo eles também gastariam menos. Esta cadeia de efeitos ocorreria por todo caminho abaixo na escada de renda. E se outras famílias de classe média estivessem gastando menos em moradia, as pressões que induzem qualquer família de classe média a gastar mais também seriam menores.

O IMPOSTO DE CONSUMO PROGRESSIVO NÃO LEVARIA A MAIS
DESIGUALDADE DE RIQUEZA, JÁ QUE OS RICOS POUPAM UMA
PROPORÇÃO MAIOR DE SUAS RENDAS DO QUE OS OUTROS?

Uma das análises racionais mais fortes do imposto de consumo progressivo é que ele reduziria a desigualdade de consumo, o que, como discutido, eliminaria uma parte do desperdício inerente às cascatas de gastos. Mas a estrutura do imposto progressivo daria as famílias ricas um incentivo mais forte para aumentarem suas poupanças, o que reforçaria sua tendência existente de poupar a taxas mais altas do que famílias de baixa renda. Então, sim, a adoção do imposto de consumo progressivo provavelmente aumentaria a desigualdade de riqueza familiar. Historicamente, duas das consequências práticas mais preocupantes da crescente desigualdade de riqueza tem sido a criação de dinastias familiares e uma maior concentração de poder político dentre os ricos. Pesando-se a adoção de um imposto de consumo progressivo, as sociedades pesariam, portanto, cuidadosamente a adoção de uma taxação de herança mais forte e mais limites mais rigorosos nas contribuições de campanhas políticas.

UM IMPOSTO SOBRE HERANÇA ROBUSTO É UM COMPLEMENTO POLITICAMENTE REALISTA PARA O IMPOSTO DE CONSUMO PROGRESSIVO?

Marcado como "imposto da morte" pelos oponentes, o imposto herança tem sido firmemente revertido nos anos recentes, com o nível de isenção para legados dos pais agora estabelecido em quase 11 milhões de dólares. Pesquisas de opinião pública sugerem que a revogação desse imposto sobre herança é favorecida por uma maioria até de pessoas no último quintil da distribuição de riqueza, que possuem virtualmente chance alguma de alguma vez pagar impostos de herança sob os arranjos atuais. Então, a implementação de um imposto sobre herança mais robusto, de fato, aparenta representar uma mudança formidável.

Mas quando eleitores são lembrados do fato de que eliminar o imposto sobre herança necessitaria ou de aumentos significativos em outros impostos ou de reduções íngremes no gasto público, a oposição rapidamente evapora. Em uma pesquisa, por exemplo, quando os eleitores eram lembrados que a revogação do imposto sobre herança exigiria alguma combinação de renda maior ou impostos de vendas e gastos reduzidos em bens públicos específicos, eles se opunham à revogação do imposto sobre herança por mais de 4 a 1.[1] Resumindo, oposição ao imposto sobre herança rapidamente evapora uma vez que as alternativas são esclarecidas.

Existe, na verdade, um forte caso afirmativo para uma maior confiança no imposto sobre herança. Esse imposto é aproximadamente análogo ao uso de contratos de contingência por advogados. Considere alguém que é ferido por negligência corporativa, mas não pode bancar um advogado. Se o caso possui mérito, um advogado ofereceria argumentá-lo em uma base de contingência: se eles perderem o processo, o advogado não recebe pagamento, mas se ganharem, o advogado recebe uma porcentagem da indenização atribuída. Perceba a surpreendente semelhança entre esse arranjo e os termos da realidade sob um imposto sobre herança. De início, a maioria dos pagantes de impostos não sabem se eles serão altamente bem-sucedidos, mas realistas entendem que a maioria deles não será. Com um imposto sobre herança em vigor, o governo será capaz de oferecer serviços públicos adicionais de valor, tais como melhores estradas e escolas. Todos os pagantes de impostos desfrutaram desses serviços, sejam eles bem-sucedidos ou não. Suas heranças serão taxadas após a morte, no improvável evento deles morrerem como multimilionários. Com que base poderemos esperar a maioria dos jovens pagantes de impostos informado a se oporem a um arranjo como este?

Realistas orçamentários reconhecem que, com milhões de nascidos na Segunda Guerra entrando na aposentadoria, crescentes déficits no orçamento exigirão fontes adicionais de renda. E enquanto esta realidade se torna mais amplamente apreciada, é sensato esperar que uma maior confiança nos impostos de herança se tornará cada vez mais atraente.

Alguns pais se preocupam que o imposto sobre herança evite que eles assegurem a segurança financeira de seus filhos. No entanto, atuais níveis de isenção permitem que crianças herdem mais do que o bastante para conseguir múltiplos diplomas, começar um negócio, comprar uma casa de luxo e ainda assim ter vários milhões de dólares guardados para um dia de privações. Em reflexão, as pessoas realmente iriam querer que seus filhos herdassem mais do que isso? Famílias ricas há muito estabelecidas têm, tradicionalmente, sido cautelosas quanto ao efeito corrosivo da riqueza garantida na habilidade de seus filhos em iniciar carreiras bem-sucedidas por conta própria. Cedo, o investidor multibilionário Warren Buffett disse a seus filhos que não esperassem muito de uma herança, uma jogada pela qual seu filho Peter expressou profunda gratidão depois.[2]

COMO UM IMPOSTO DE CONSUMO PROGRESSIVO AFETARIA OS VÁRIOS OUTROS IMPOSTOS QUE COLETAMOS ATUALMENTE?

Um imposto sobre qualquer atividade tem dois efeitos? Gera renda e desencoraja a atividade em questão. A maioria dos outros impostos que coletamos tem o indesejável efeito colateral de desencorajar atividade úteis. Já que a renda de uma família é o seu consumo mais sua poupança, por exemplo, o imposto de renda desencoraja as poupanças. Pelo imposto da folha de pagamento tornar mais caro contratar empregados adicionais, desencoraja empresas a criar empregos. Um forte componente do caso do imposto de consumo progressivo é que suas altas taxas do topo marginal desencorajam gastos que causam prejuízos a outros. Famílias ricas, claro, não possuem intenções de prejudicar outros quando constroem mansões mais caras ou realizam celebrações de ocasiões especiais mais caras. No entanto, tais gastos inevitavelmente mudam os quadros de referência que governam o que as famílias com baixas rendas devem gastar para alcançarem objetivos básicos.

Um sistema de imposto racional abandonaria todos os atuais impostos sobre atividades úteis e as substituiria com impostos naquelas atividades que causam danos indevidos a outros. Tais impostos são frequentemente chamados de impostos pigouvianos, por cauda do economista britânico A.C. Pigou, um antigo defensor de seu uso. Por exemplo, já que os lucros corporativos, por si só, não causam danos a outros, o imposto de renda corporativa poderia ser substituído por um imposto sobre a emissão de gás carbônico, o qual cientistas meteorológicos acreditam já ter causado um enorme dano. Poderíamos taxar veículos por peso, já que comprar veículos mais pesados colocam outros sob um maior risco de ferimentos e morte; poderíamos cobrar pelo uso de rodovias congestionadas, já que entrar nelas faz com que outros demorem mais para chegar onde estão indo; e assim por diante. Resumindo, o imposto de consumo progressivo é um imposto pigouviano, e um forte caso pode ser formado para a substituição dos impostos existentes em atividades úteis por outros sobre atividades que causam danos indevidos a outros.

SE O OBJETIVO FINAL DA ATIVIDADE ECONÔMICA É PRODUZIR BENS E SERVIÇOS QUE AS PESSOAS VALORIZEM, POR QUE IRIAMOS QUERER LIMITAR O CONSUMO COM UM IMPOSTO DE CONSUMO PROGRESSIVO?

O caso do imposto de consumo progressivo é que ele fornece incentivos poderosos para mudar a composição do que produzimos de forma a produzir valor ainda maior do que a atual mescla. A atual mescla é escassa não porque os consumidores não sabem o que é melhor, mas porque incentivos individuais estão em desacordo com o que é melhor coletivamente. Como na metáfora do estádio familiar, é racional para todos levantar para se ter uma vista melhor, no entanto, cada um veria tão bem quanto se todos permanecessem confortavelmente sentados.

SE O IMPOSTO DE CONSUMO PROGRESSIVO É TÃO
BOA IDEIA, POR QUE JÁ NÃO O ADOTAMOS?

A maioria dos contribuintes americanos já estão operando sob um imposto de consumo progressivo, já que apenas uma pequena porcentagem de famílias poupa tanto quanto as quantias máximas permitidas em contas de imposto deferido de aposentadoria existentes, como a

IRAs e a 401Ks. Mas a maioria das famílias ricas não enfrentam agora os mesmos incentivos, já que eles poupam consideravelmente mais do que estes subsídios máximos. E já que as cascatas de gastos começam no topo da escada de renda, o atual sistema tributário nada faz para desencorajá-los.

O IMPOSTO DE CONSUMO PROGRESSIVO PODERIA SER IMPLEMENTADO A NÍVEL ESTADUAL OU MUNICIPAL?

A habilidade das pessoas em migrar para lugares de jurisdições adjacentes restringe os tipos de políticas tributárias que qualquer estado ou município pode adotar na prática. Por exemplo, se um estado adotasse um imposto de renda incomumente alto, arriscaria perder contribuintes ricos para os estados próximos. Mas um estado que adotasse um imposto de consumo progressivo poderia na realidade atrair contribuintes com altas rendas do outro lado de suas fronteiras. Na margem, contribuintes ricos gastam seus dólares em busca de coisas que parecem "especiais", mas especial é um conceito relativo, e os padrões que tornam algo especial tendem a ser altamente locais. Se um estado adotasse um imposto de consumo progressivo, seus residentes ricos teriam um incentivo para poupar mais e gastar menos em adições a suas mansões e festas de debutantes para seus filhos. Mas já que todos estariam gastando menos em tais coisas, os padrões locais que definem o especial se ajustariam, tornando os pequenos gastos tão efetivos quanto os antigos e maiores teriam sido.

Pessoas ricas bem informadas teriam, então, razões plausíveis para considerar uma mudança para um estado vizinho que tivesse adotado o imposto de consumo progressivo. Tal mudanças os permitiria superar expectativas sem ter que gastar tanto, os libertando para investir mais do seu suado dinheiro. Se a experiência com o imposto de consumo progressivo a nível estadual se provasse atrativa dessa forma, outros estados enfrentariam a pressão para adotar a taxação sobre o consumo progressivo, então a vantagem relativa do primeiro a se mudar seria apenas temporária.

Ainda melhor, claro, seria adotar o imposto de consumo progressivo a nível nacional. Mas o apoio político para tal jogada seria sem dúvidas mais fácil de se conseguir se a política já tivesse se provado bem-sucedida em vários experimentos estaduais.

O IMPOSTO DE CONSUMO PROGRESSIVO NÃO É APENAS UM SONHO POLÍTICO?

Como observado no capítulo 7, o imposto de consumo progressivo possui um longo histórico de apoio bipartidário. Os Senadores Pete Domenici (R, NM) e Sam Nunn (D, GA), propuseram um imposto de consumo progressivo em 1995 e, embora sua proposta nunca foi à votação, não foi considerada uma ideia radical. Em um artigo publicado na *Review*, em 1943, Milton Friedman, há muito tempo defensor do mercado livre da Universidade de Chicago, propôs um imposto de consumo progressivo como a forma mais efetiva de se pagar os esforços da Segunda Guerra Mundial. E dois estudiosos seniores do *American Enterprise Institute*, um grupo conservador em Washington, DC, celebraram as virtudes do imposto de consumo progressivo em um livro recentemente publicado.[3]

Uma crise fiscal imediata provavelmente irá ocorrer antes do Congresso está disposto a considerar uma reforma tributária abrangente com seriedade. Mas com demandas de serviços governamentais prontas para continuar excedendo as fontes de renda federal para pagar por elas, tal crise é apenas uma questão de tempo. E quando ela ocorrer, o imposto de consumo progressivo estará no topo da lista de opções a serem consideradas.

NOTAS

PREFÁCIO

1. YOUNG, Michael. *The Rise of the Meritocracy.* Londres: Transaction, 1994. [originalmente publicado em 1958].
2. YOUNG, Michael. *Down with Meritocracy.* Disponível em: <https://goo.gl/MtpaHr>. Acesso em: 13 jul. 2017.
3. LEWIS, Michael. *Don't Eat Fortune's Cookie.* Disponível em: <https://goo.gl/Tah1QZ>. Acesso em: 13 jul. 2017.
4. KRISTOF, Nicholas. *Is a Hard Life Inherited?* Disponível em: <https://goo.gl/ThvBG7>. Acesso em: 13 jul. 2017.
5. KRISTOF, Nicholas. *U.S.A., Land of Limitations?* Disponível em: <https://goo.gl/cW6CTP>. Acesso em: 13 jul. 2017.
6. O experimento foi parte de um trabalho experimental em andamento explorando a relação entre *status* e moralidade. Ver: PIFF, Paul K.; STANCATO, Daniel M.; COTE, Stephane; MENDOZA-DENTON, Rodolfo; KELTNER, Dacher. *Higher Social Class Predicts Increased Unethical Behavior.* Disponível em: <https://goo.gl/bLhmDx>. Acesso em: 13 jul. 2017.

CAPÍTULO 1: ESCREVA SOBRE O QUE SABE

1. FRANK, Robert H. *Before Tea, Thank Your Lucky Stars*. Disponível em: <https://goo.gl/rUYqzv>. Acesso em: 13 jul. 2017.
2. FOX BUSINESS NEWS. *Luck Is the Real Key to Success?* Disponível em: <https://goo.gl/f9XGi4>. Acesso em: 13 jul. 2017.
3. GROSS, Terry. *Fresh Air Remembers the Crime Novelist Elmore Leonard*. Disponível em: <http://www.npr.org/player/v2/mediaPlayer.html?action=1&t=1&islist=false&id=214831379&m=214836712>. Acesso em: 22 mar. 2016.
4. MILANOVIC, Branko. Global Inequality of Opportunity: How Much of Our Income Is Determined by Where We Live? *Review of Economics and Statistics*. v. 97.2 p. 452-60, maio 2015.
5. Ver, por exemplo: MARCUS, Gary. *Mice, Men, and Fate*. Disponível em: <https://goo.gl/dBPFfx>. Acesso em: 13 jul. 2017.
6. KRUEGER, Alan. *The Rise and Consequences of Income Inequality in the United States*. Disponível em: <https://goo.gl/U1fZpQ>. Acesso em: 13 jul. 2017.
7. FRANK, Robert H.; COOK, Philip J. *The Winner-Take-All Society*. Nova York: Free Press, 1995.
8. Discurso de campanha de Elizabeth Warren em 2012 sobre crise de débitos, tributação justa. ELIZABETH WARREN WIKI. *"Factory Owner" Speech*. Disponível em: <https://goo.gl/WAby7h>. Acesso em: 13 jul. 2017.
9. PRITCHETT, Lant. *Let Their People Come:* Breaking the Gridlock on Global Labor Mobility. Cambridge: Center for Global Development, 2006.
10. MARKET WATCH. *The Knot, the #1 Wedding Site, Releases 2014 Real Weddings Study Statistics*. Disponível em: <https://goo.gl/Yv3CkP>. Acesso em: 13 jul. 2017.
11. FRANCIS, Andrew M.; MIALON, Hugo M. *A Diamond Is Forever and Other Fairy Tales*: The Relationship between Wedding Expenses and Marriage Duration. Disponível em: <https://goo.gl/abqKM4>. Acesso em: 13 jul. 2017.
12. EARLY RETIREMENT. *Share Your DMV Horror Stories*. Disponível em: <https://goo.gl/ve4dK5>. Acesso em: 13 jul. 2017.

CAPÍTULO 2: POR QUE EVENTOS ALEATÓRIOS E BANAIS SÃO IMPORTANTES?

1. LAZARSFELD, Paul. The American Soldier: An Expository Review. *Public Opinion Quarterly*. v. 13.3, p. 377-404, 1949.
2. WATTS, Duncan. *Everything Is Obvious* (*Once You Know the Answer)*. Nova York: Crown, 2011.
3. Ver: LESLIE, Ian. *Why the Mona Lisa Stands Out*. Disponível em: <https://goo.gl/Kw2ozu>. Acesso em: 13 jul. 2017.
4. WATTS, Duncan. *Everything Is Obvious* (*Once You Know the Answer)*. Nova York: Crown, 2011. p. 59.
5. Ver: KANTOR, Loren. *Casting Michael Corleone*. Disponível em: <https://goo.gl/axFyQr>. Acesso em: 13 jul. 2017.
6. HOLLYWOOD REPORTER. *Breaking Bad*: Two Surprising Actors Who Could Have Taken Bryan Cranston's Role. Disponível em: <https://goo.gl/AB3J5n>. Acesso em: 13 jul. 2017.
7. MERTON; Robert K. The Matthew Effect in Science. *Science*. v. 159.3810, p. 56-63, 1968.
8. Eu fiquei desapontado, mas nada surpreso, quando Ned partiu para se juntar ao corpo docente da Universidade de Michigan no ano seguinte. De lá, ele foi para vários altos cargos políticos em Washington. Como membro do Conselho da Reserva Federal, ele é mais lembrado por seu memorando com palavras duras, em 2002, incitando o presidente da Reserva, Alan Greenspan, a tomar uma atitude contra o fortalecimento da bolha imobiliária.
9. Watts resume o experimento do Laboratório Musical em detalhes em *Everything Is Obvious*.
10. MARTIN, Brett. *Vince Gilligan: Kingpin of the Year 2013*. Disponível em: <https://goo.gl/nwjfQv>. Acesso em: 13 jul. 2017.
11. GLADWELL, Malcom. *Outliers*. Nova York: Pantheon, 2008.
12. Citado por Gladwell em *Outliers*, p. 54-55.
13. MLODINOW, Leonard. *The Drunkard's Walk:* How Randomness Rules Our Lives. Nova York: Vintage, 1990, capítulo 10.
14. WEIGHTMAN, Gavin. *The Frozen Water Trade*. Nova York: Hyperion, 2003.
15. GLADWELL, Malcom. *Outliers*. Nova York: Pantheon, 2008, capítulo 1.

16. Alguns autores têm sugerido que o sucesso de jogadores nascidos mais cedo no ano resulta menos do fato deles serem realmente melhores do que do fato dos times da NHL os perceberem como os melhores. Ver, por exemplo: DEANER, Robert O.; LOWEN, Aaron; COBLEY, Stephen. *Born at the Wrong Time: Selection Bias in the NHL Draft.* Disponível em: <https://goo.gl/GLZs55>. Acesso em: 13 jul. 2017. Mas mesmo que isso seja verdade, a afirmação de Gladwell ainda sustenta que um aspirante a estrela do *hockey* é sortudo de ter nascido no início do ano.
17. DHUEY, Elizabeth; LIPSCOMB, Stephen. What Makes a Leader? Relative Age and High School Leadership. *Economics of Education Review.* v. 27, p. 173-83, 2008.
18. KUHN, Peter; WEINBERGER, Catherine. Leadership Skills and Wages. *Journal of Labor Economics.* v. 23.3, p. 395-436, jul., 2005.
19. DU, Qianqian; GAOB, Huasheng; LEVI, Maurice D. The Relative-Age Effect and Career Success: Evidence from Corporate CEOs. *Economics Letters.* v. 117, p. 660-62, 2012.
20. EINAV, Liran; YARIV, Leeat. What's in a Surname? The Effects of Surname Initials on Academic Success. *Journal of Economic Perspectives.* v. 20.1, p. 175-88, 2006.

CAPÍTULO 3: COMO O MERCADO DO "TUDO OU NADA" AUMENTA O PAPEL DA SORTE

1. FRANK, Robert H.; COOK, Philip J. *The Winner-Take-All Society.* Nova York: Free Press, 1995.
2. ROSEN, Sherwin. The Economics of Superstars. *American Economic Review.* p. 845-58, dez., 1981. Disponível em: <https://goo.gl/6cGy5v>. Acesso em: 13 jul. 2017.
3. ANDERSON, Chris. *The Long Tail:* Why the Future of Business Is Selling Less of More. Nova York: Hyperion, 2006.
4. ELBERSE, Anita. *Blockbusters:* Hit-Making, Risk-Taking, and the Big Business of Entertainment. Nova York: Henry Holt, 2013.
5. SCHWARTZ, Barry. *The Paradox of Choice:* Why More Is Less. Nova York: Harper Perennial, 2004.

6. As mudanças tecnológicas descritas pelos proponentes da cauda longa lhe permitem fazer um julgamento informado sobre a extensão do meu viés. Você pode ver alguns dos clips da *The Nepotist* aqui: <http://thenepotist.com/videos/>. Acesso em: 13 jul. 2017.
7. GABAIX, Xavier; LANDIER, Augustin. Why Has CEO Pay Increased So Much? *Quarterly Journal of Economics.* v. 123.1, p. 49-100, 2008.
8. SMITH, Adam. The Wealth of Nation. [S.l]: Wilder Publications. [1776]. capítulo 10.
9. THE CONFERENCE BOARD. *Departing CEO Age and Tenure.* Disponível em: <https://goo.gl/zb1BFu>. Acesso em: 13 jul. 2017.
10. PIKETTY, Thomas. *Capital in the Twenty-First Century.* Cambridge: Harvard University Press, 2013.

CAPÍTULO 4: POR QUE OS MAIORES VENCEDORES SÃO QUASE SEMPRE SORTUDOS?

1. HIGH SCHOOL BASEBALL WEB. *Inside the Numbers.* Disponível em: <https://goo.gl/sG4LTH>. Acesso em: 13 jul. 2017.
2. WIKIPEDIA. *List of World Records in Athletics – Men.* Disponível em: <https://goo.gl/N7Pjfx> . Acesso em: 13 jul. 2017.
3. WIKIPEDIA. *List of World Records in Athletics.* Disponível em: <https://goo.gl/cGN9W1> . Acesso em: 13 jul. 2017.
4. Pela probabilidade de tirar cara em todas as jogadas ser ½, a probabilidade de tirar 20 caras seguidas é (1/2)20, o que é 0.0000095367.
5. SAGAN, Carl. *Broca's Brain:* Reflections on the Romance of Science. Nova York: Random House, 1979. p. 61.
6. McKITTRICK, Chris. *Bryan Cranston*: 'Without Luck You Will Not Have a Successful Career'. Disponível em: <https://goo.gl/QoZZXf>. Acesso em: 13 jul. 2017.

CAPÍTULO 5: POR QUE AS FALSAS CRENÇAS SOBRE SORTE E TALENTO AINDA PERSISTEM?

1. MAUBOUSSIN, Michael. *The Success Equation*. Cambridge: Harvard Business Review Press, 2012.

2. Muito dessa pesquisa é elegantemente resumida por: KAHNEMAN, Daniel. *Thinking Fast and Slow*. Nova York: Farrar, Strauss, and Giroux, 2011. Para um relato extremamente legível de como seu trabalho se tornou importante para economistas, ver: THALER, Richard H. *Misbehaving*. Nova York: W. W. Norton, 2015.

3. CROSS, K. Patricia. Not Can but Will College Teachers Be Improved? *New Directions for Higher Education*. v. 17, p. 1-15, 1977.

4. ZUCKERMAN, Ezra W.; JOST John T. What Makes You Think You're So Popular? Self Evaluation Maintenance and the Subjective Side of the 'Friendship Paradox'. *Social Psychology Quarterly*. v. 64.3, p. 207-23, 2001.

5. COLLEGE BOARD. *Student Descriptive Questionnaire*. Princeton: Educational Testing Service, [1976 ou 1977].

6. LUSTIG, Richard. *Learn How to Increase Your Chances of Winning the Lottery*. Bloomington: Authorhouse, 2010.

7. CLOTFELTER, Charles T.; COOK, Philip J. Lotteries in the Real World. *Journal of Risk and Uncertainty*. v. 4, p. 227-32, 1991.

8. TALEB, Nassim Nicholas. *Fooled by Randomness:* The Hidden Role of Chance in Life and in the Markets. Londres: Texere, 2001.

9. ALLOY, L. B.; ABRAMSON, L. Y. Judgment of Contingency in Depressed and Nondepressed Students: Sadder but Wiser? *Journal of Experimental Psychology: General*. v. 108, p. 441-85, 1979.

10. BECK, A. T. *Depression:* Clinical, Experimental, and Theoretical Aspects. Nova York: Harper and Row, 1967.

11. ALLOY, L. B.; ABRAMSON, L. Y. Depressive Realism: Four Theoretical Perspectives. In: ALLOY, L. B. (Ed.). *Cognitive Processes in Depression*. Nova York: Guilford, 1988. p. 223-65.

12. Subestimar o aborrecimento do trabalho, claro, é o equivalente a subestimar seus atrativos.

13. Para uma discussão abrangente desse tendência, ver: AINSLIE, George. *Picoeconomics*. Cambridge: Cambridge University Press, 2001.

14. BAUMEISTER, Roy F.; TIERNEY, John. *Willpower:* Rediscovering the Greatest Human Strength. Nova York: Penguin, 2011.
15. Roy Baumeister, citado por Kirsten Weir em The Power of Self-Control. *Monitor on Psychology.* v. 43.1, p. 36, jan., 2012.
16. ERICSSON, K. Anders; KRAMPE, Ralf; TESCH-ROMER, Clemens. The Role of Deliberate Practice in the Acquisition of Expert Performance. *Psychological Review.* v. 100.3, p. 363-406, 1993.
17. Teoria da atribuição na psicologia tenta explicar como as pessoas usam informações para chegar a explicações casuais para eventos.
18. WEINER, Bernard. *Achievement Motivation and Attribution Theory.* Morristown: General Learning Press, 1974.
19. ROBINSON, Daniel H.; SIEGEL, Janna; SHAUGHNESSY, Michael. An Interview with Bernard Weiner. *Educational Psychology Review.* p. 165-74, 1996.
20. CAREY, Jasmine M.; PAULHUS, Delroy. Worldview Implications of Believing in Free Will and/or Determinism: Politics, Morality, and Punitiveness. *Journal of Personality and Social Psychology.* v. 81.2, p. 130-41, abr., 2013.
21. BAUMEISTER, R. F.; SPARKS, E. A.; STILLMAN, T. F.; VOHS, K. D. Free Will in Consumer Behavior: Self-Control, Ego Depletion, and Choice. *Journal of Consumer Psychology.* v. 18, p. 4-13, 2008.
22. GILOVICH, Thomas. *Two Enemies of Gratitude, presentation at the Greater Good Gratitude Summit.* Disponível em: <https://www.youtube.com/watch?v =eLnAbkdXgCo>. Acesso em: 22 mar. 2016.
23. *Idem.*
24. Thomas Gilovich e Shai Davidai, manuscrito não publicado, 2015.
25. Para uma excelente pesquisa de como visões sobre a sorte diferem ao longo do espectro político: GROMET, Dean M.; HARTSON, Kimberly A., SHERMAN, David K. The Politics of Luck: Political Ideology and the Perceived Relationship between Luck and Success. *Journal of Experimental Social Psychology.* v. 59, p. 40-46, 2015.

CAPÍTULO 6: O FARDO DAS FALSAS CRENÇAS

1. AMERICAN SOCIETY OF CIVIL ENGINEERS. *Report Card for America's Infrastructure.* Disponível em: <http://www.infrastructurereportcard.org>. Acesso em: 13 jul. 2017.

2. DESROCHERS, Donna M.; HURLBURT, Steven. *Trends in College Spending: 2001-2011.* Disponível em: <https://goo.gl/kaK1i1>. Acesso em: 13 jul. 2017.

3. HILTONSMITH, Robert. *Pulling Up the Higher-Ed Ladder: Myth and Reality in the Crisis of College Affordability.* Disponível em: <https://goo.gl/TVQ6pD>. Acesso em: 13 jul. 2017.

4. IZZO, Phil. *Congratulations to Class of 2014, Most Indebted Ever.* Disponível em: <https://goo.gl/oQRKs1>. Acesso em: 13 jul. 2017.

5. BARTLETT, Bruce. *Are the Bush Tax Cuts the Root of Our Fiscal Problem?* Disponível em: <https://goo.gl/DgU7iD>. Acesso em: 13 jul. 2017.

6. FENG, Chunliang; LUO, Yi; GU, Ruolei; BROSTER, Lucas S; TIAN, Xueyi Shen, Tengxiang; LUO, Yue-Jia; KRUEGER, Frank. *The Flexible Fairness: Equality, Earned Entitlement, and Self-Interest.* Disponível em: <https://goo.gl/5cCKBf>. Acesso em: 13 jul. 2017.

7. AMAZON MECHANICAL TURK. Disponível em: <https://goo.gl/NtVKTH>. Acesso em: 13 jul. 2017.

8. LOCKE, John. *Second Treatise on Civil Government* [1689, capítulo 5, seção 27]. Disponível em: <https://goo.gl/Z1G8Pn>. Acesso em: 13 jul. 2017.

9. KAHNEMAN, Daniel; KNETSCH, Jack L.; THALER, Richard H. Anomalies: The Endowment Effect, Loss Aversion, and Status Quo Bias. *Journal of Economic Perspectives.* v. 5.1, p. 193-206, 1991.

10. MURPHY, Liam; NAGEL, Thomas. *The Myth of Ownership.* Nova York: Oxford University Press, 2001.

11. DeSTENO, David; BARTLETT, Monica Y.; BAUMANN, Jolie; WILLIAMS, Lisa A., DICKENS, Leah. Gratitude as Moral Sentiment: Emotion-Guided Cooperation in Economic Exchange. *Emotion.* v. 10.2, p. 289-93, 2010.

12. BARTLETT, Monica; DESTENO, David. Gratitude and Prosocial Behavior: Helping When It Costs You. *Psychological Science.* v. 17.4, p. 319-25, 2006.

13. DICKENS, M. *My Father as I Recall Him.* Westminster, England: Roxburghe, 1897.

14. EMMONS, Robert A.; McCULLOUGH, Michael E. Counting Blessings versus Burdens: An Experimental Investigation of Gratitude and Subjective Well-Being in Daily Life. *Journal of Personality and Social Psychology.* v. 84.2, p. 377-89, 2003.
15. SELIGMAN, Martin E. P.; STEEN, Tracy A.; PARK, Nansook; PETERSON, Christopher. Positive Psychology Progress: Empirical Validation of Interventions. Disponível em: <http://www.ppc.sas.upenn.edu/articleseligman.pdf>. Acesso em: 22 mar. 2016.
16. DIGDON, Nancy; KOBLE, Amy. Effects of Constructive Worry, Imagery Distraction, and Gratitude Interventions on Sleep Quality: A Pilot Trial. *Applied Psychology: Health and Well-Being.* v. 3.2, p. 193-206, jul., 2011.
17. DeWALL, C. Nathan; LAMBERT, Nathaniel M.; POND Jr., Richard S.; KASHDAN, Todd B.; FINCHAM, Frank D. A Grateful Heart Is a Nonviolent Heart: Cross-Sectional, Experience Sampling, Longitudinal, and Experimental Evidence. *Social Psychological and Personality Science.* v. 3.2, p. 232-40, mar., 2012.
18. SERWER, Andy. *Steve Schwarzman's $3 Mil. Birthday Bash: Any Regrets?* Disponível em: <https://goo.gl/u6Bhs6>. Acesso em: 13 jul. 2017.
19. SUROWIECKI, James. *Moaning Moguls.* Disponível em: <https://goo.gl/4zCWdV>. Acesso em: 13 jul. 2017.
20. STEIN, Herbert. *On money, madness, and making mistakes.* Disponível em: <https://goo.gl/jtvAZ5>. Acesso em: 13 jul. 2017.
21. CLEMENS, Scott; BARNES, Robert. *Support for Same-Sex Marriage at na All-Time High.* Disponível em: <https://goo.gl/tzt8UW>. Acesso em: 13 jul. 2017.
22. YARDLEY, William. *Gustavo Archilla, an Inspiration for Gay Marriage, Dies at 96.* Disponível em: <https://goo.gl/4RGSkX>. Acesso em: 13 jul. 2017.
23. Sobre a volatilidade dos sistemas de crenças sociais, veja: KURAN, Timur. *Private Truths, Public Lies.* Cambridge: Harvard University Press, 1995.

CAPÍTULO 7: ESTAMOS COM SORTE: UMA OPORTUNIDADE DE OURO

1. WATCH, Market. *The Knot, the #1 Wedding Site, Releases 2014 Real Weddings Study Statistics.* Disponível em: <https://goo.gl/WZc2Gp>. Acesso em: 13 jul. 2017.
2. FRANCIS, Andrew M.; MIALON, Hugo M. *A Diamond Is Forever and Other Fairy Tales: The Relationship between Wedding Expenses and Marriage Duration.* Disponível em: <https://goo.gl/23RWmf>. Acesso em: 13 jul. 2017.
3. FRANK, Robert H.; LEVINE, Adam Seth, DIJK, Oege. Expenditure Cascades. *Review of Behavioral Economics.* v. 1.1-2, p.55-73, 2014.
4. BOWLES, Samuel; PARK, Yongjin. Emulation, Inequality, and Work Hours: Was Thorsten Veblen Right? *Economic Journal.* v. 115.507, p. 397-412, 2005.
5. FRANK, Robert H. *The Darwin Economy:* Liberty, Competition, and the Common Good. Princeton: Princeton University Press, 2011.
6. WHITFIELD, John. *Libertarians with Antlers: What Robert H. Frank's The Darwin Economy Gets Wrong about Evolution.* Disponível em: <http://www.slate.com/ articles/health_and_science/science/2011/09/libertarians_with_antlers.html>. Acesso em: 22 mar. 2017.
7. Para se ter certeza, um traço pode ser dispendioso da perspectiva coletiva masculina e ainda assim não ser disfuncional para as espécies relevantes. Como os biólogos há muito observaram, espécies sexualmente reprodutivas possuem mais machos do que precisam, então se os alces são pegos mais facilmente por lobos por causa de seus chifres grandes, isso pode não afetar muito a sobrevivência da espécie. Mas este não era meu objetivo. *A única afirmação que fiz com base nesse exemplo é que alces achariam a sobrevivência até uma velha idade ao invés de serem mortos e devorados prematuramente.*
8. FRANK, Robert H. The Frame of Reference as a Public Good. *Economic Journal.* v. 107, p. 1832-47, nov., 1997.
9. FRIEDMAN, Milton. The Spendings Tax as a Wartime Fiscal Measure. *American Economic Review.* v. 33.1, p. 50-62, mar., 1943.
10. NEIKIRK, William. Bipartisan Sponsors Unveil Tax-revamp Plan. *Chicago Tribune.* Disponível em: <https://goo.gl/T32cEJ>. Acesso em: 13 jul. 2017.
11. VIARD, Alan D.; CARROLL, Robert. *Progressive Consumption Taxation*: The X-Tax Revisited. Washington: AEI Press, 2012.

CAPÍTULO 8: SENDO GRATO

1. CALVINO, Italo. *Mr. Palomar*. Londres: Secker and Warburg, 1983. p. 11-12.
2. *Idem*.
3. BODVARSSON, O. B.; GIBSON, W. A. Gratuities and Customer Appraisal of Service: Evidence from Minnesota Restaurants. *Journal of Socioeconomics*. v. 23, p. 287-302, 1994.
4. HORNSTEIN, Harvey. *Cruelty and Kindness*. Englewood Cliffs: Prentice Hall, 1976.
5. FRANK, Robert H. *Passions within Reason:* The Strategic Role of the Emotions. Nova York: W. W. Norton, 1988, capítulo 4.
6. FRANK, Robert H.; GILOVICH, Thomas; REGAN, Dennis. The Evolution of One-Shot Cooperation. *Ethology and Sociobiology.* v. 14, p. 247-56, jul. 1993.
7. SMITH, Adam. *An Inquiry into the Nature and Causes of the Wealth of Nations*. Disponível em: <https://goo.gl/Qcgh2N>. Acesso em: 13 jul. 2017.
8. SATARIANO, Adam; BURROWS, Peter; STONE, Brad. *Scott Forstall, the Sorcerer's Apprentice at Apple*. Disponível em: <https://goo.gl/atdFdx>. Acesso em: 13 jul. 2017.
9. YARROW, Jay. *Tim Cook: Why I Fired Scott Forstall*. Disponível em: <http://www.businessinsider.com/tim-cook-why-i-fired-scott-forstall-2012-12>. Acesso em: 22 mar. 2016.
10. PUTNAM, Robert D. *Our Kids:* The American Dream in Crisis. Nova York: Simon and Shuster, 2015.
11. FOX, M. A.; CONNOLLY, B. A.; SNYDER, T. D. *Youth Indicators 2005: Trends in the Well-Being of American Youth*. Disponível em: <https://goo.gl/ybimxF>. Acesso em: 13 jul. 2017.
12. FRANK, Robert. H. *Passions within Reason*: The Strategic Role of the Emotions. Nova York: Norton, 1988.

APÊNDICE 1: RESULTADOS DE SIMULAÇÃO DETALHADOS PARA O CAPÍTULO 4

1. Meus sinceros agradecimentos à Yuezhou Huo por sua hábil assistência em desenvolver as simulações nesse apêndice.

APÊNDICE 2: PERGUNTAS FREQUENTES SOBRE O IMPOSTO DE CONSUMO PROGRESSIVO

1. FRANK, Robert H. *The Estate Tax: Efficient, Fair, and Misunderstood*. Disponível em: <https://goo.gl/GrWGYZ>. Acesso em: 13 jul. 2017.
2. NATIONAL PUBLIC RADIO. *Buffett's Lasting Legacy: Immaterial Wealth*. Disponível em: <https://goo.gl/eJAt3n>. Acesso em: 13 jul. 2017.
3. VIARD, Alan D.; CARROLL, Robert. *Progressive Consumption Taxation:* The X-Tax Revisited. Washington: AEI Press, 2012.

ÍNDICE REMISSIVO

A

L. Y. Abramson, 82
According to Jim, 46
acordos de controle de armas posicionais, 120
adoção, 50, 69
Paul Allen, 48
irmãos Alou, 47
altura, 25
a maldição do vencedor, 83
ambiente, 15, 24, 25, 29, 41, 96, 122, 125
American Economic Review, 43, 128, 133, 168
American Enterprise Institute, 128, 168
Chris Anderson, 59
Léo Apotheker, 64
Apple, 56, 60, 133
Gustavo Archilla, 111
assessoria fiscal, 26
Associação Americana de Economia, 40
atual sistema de impostos, 160
avaliação de caráter, 130, 132

B

biblioteca Baker, 50
barreiras tarifárias, 55
Bruce Bartlett, 96
Monica Bartlett, 106
Roy Baumeister, 84
Warren Beatty, 38
Ben Bernanke, 133
best-seller, 13, 57
Betamax, 56, 57
Blackstone, 108
Blockbuster, 57
Bloomberg Business, 133
Napoleão Bonaparte, 24
Donald Boudreaux, 124
Breaking Bad, 39, 45, 77
Matthew Broderick, 39, 77
Matthew Broderick, 39
Brooklyn Dodgers, 141
David Brooks, 91
Warren Buffett, 28, 52, 165
George H. W. Bush, 96
George W. Bush, 96

C

James Caan, 39
Miguel Cabrera, 73
Italo Calvino, 129
Roy Campanella, 141
campanhas para a decisão de financiamentos pela Suprema Corte, 109
Canadá, 35, 95, 111
capital humano, 53, 54, 76
Capital in the Twenty-First Century, 65
CARROLL, Robert, 180
Casablanca, 94
casamento custo, 30, 114
casamento igualitário, 111
Cascatas de gastos, 118
lago Cayuga, 23
cenário musical hiper competitivo, 44
Centro Nacional de Estatísticas Educacionais, 94
chifres do alce, 119
Cidade de Nova York, 114
Clinton, 127
Charles Clotfelter, 81
coberturas com vistas deslumbrantes, 123
cobrança de impostos pareça um roubo, 102
cognição motivadora, 82
colapso da antiga União Soviética, 112
Companhia Metropolitana de Ópera de Nova York, 59
compra de bens duráveis, 158
conservadores, 11, 91, 127
consumo tributável, 157, 158
Philip Cook, 17
Tim Cook, 133
Francis Ford Coppola, 39
Michael Corleone, 38, 39
Vito Corleone, 39
Universidade de Cornell, 22, 127, 142
Corpo da Paz, 24
corrida armada posicional, 120
CP/M, 48
Bryan Cranston, 39, 77
John Cusack, 39, 77
custo de exportação, 55
custos com casamentos, 118, 126

D

Dalai Lama, 44
Charles Darwin, 83, 118
The Darwin Economy, 120
Shai Davidai, 90
Leonardo da Vinci, 38
Delaplane, 70, 72
dentistas, 63
Departamento de Veículos Motorizados, 33
desperdício, 32
David DeSteno, 17, 103, 106
Detroid Tigers, 73
Nathan DeWall, 107
Charles Dickens, 107
Mamie, 107
Nancy Digdon, 107
Digital Research, 48, 49
disponibilidade heurística, 87, 88, 98
Pete Domenici, 128, 168

E

Econometrica, 43
economia comportamental, 79, 80, 101
Mike Edwards, 20
Efeito de Lake Wobegon, 81
Efeito Matthew, 40

efeitos de rede, 57, 60
Anita Elberse, 60
Eletric Light Orchestra, 20
Robert Emmons, 107
empréstimos e financiamentos, 158
empréstimos estudantis, 94, 144
esburacadas, 31, 94
escassez, 60
Escritório de Orçamento Congressional, 96
estratégia para "matar a fera de fome", 102
estupidez natural, 80
experimento do envelope perdido, 131

F

faculdade Smith, 69
Ferrari, 31, 97, 121
F. Scott Fitzgerald, 92
Scott Forstall, 133
Andrew Francis, 30
Milton Friedman, 127, 168

G

Xavier Gabaix, 61
galeria Uffizi, 38
Bill Gates, 47, 48, 49, 51
Gawker, 108
General Motors, 61
Louis J. Gerstner, 62
Vince Gilligan, 39
Tom Gilovich, 17, 19, 88
Malcolm Gladwell, 47
globalização, 65
Rick Goff, 14
Steffi Graf, 58
Edward M. Gramlich, 42

Grande Depressão, 134
gratidão, 17, 101, 103, 105, 106, 107, 129, 165
Terry Gross, 22

H

habitações dos ricos, 122
Hewlett-Packard, 64
High School Baseball Web, 72
Homo Economicus, 130
horas mais longas de trabalho, 118
H&R Block, 55
Yuezhou Huo, 100
Aldous Huxley, 7

I

IBM, 48, 49, 62
imposto da morte, 164
imposto de consumo progressivo, 157, 158, 161, 162, 163, 164, 165, 166, 167, 168
Imposto de Subsídio de Poupança Ilimitada, 128
imposto de vendas, 157
imposto pigouviano, 166
impostos em itens de luxo específicos, 161
imposto sobre o valor agregado, 157
incentivos individuais, 114
índice de fadiga, 117
inequidade de renda, 55, 126
infraestrutura, 94, 96, 97, 103, 114, 121, 122, 126, 146, 160
Instituto Nacional de Saúde, 136
inteligência artificial, 80
interesse pessoal, 130
intervenção divina, 20, 72
inveja, 116, 124, 126, 132
investimento público, 29

J

jogo do ultimato, 99
Harold Johnson, 135, 137, 138
60 Minutes, 135
Journal of Political Economy, 43
JVC, 56

K

Daniel Kahneman, 79
Kim Kardashian, 26
Garrison Keillor, 81
Gary Kildall, 48
Amy Koble, 107
Sandy Koufax, 141
Nicholas Kristof, 13
Alan Krueger, 25

L

Patti Labelle, 108
Laboratório Musical, 44
Augustin Landier, 61
Kenneth Langone, 108
Paul Lazarsfeld, 37
Elmore Leonard, 22
Ian Leslie, 38
Michael Lewis, 12, 15
liga de beisebol, 72, 141
liga principal de beisebol, 72
Lockdown, 45
John Locke, 101
Elmes Lokkings, 111
London School of Economics, 22
The Long Tail, 59
Loteria Nacional Espanhola, 79
Louvre, 38

M

Michael Manove, 83
Marcha de Casamento anual, 111
Marrocos, 94
Alfred Marshall, 54
Brett Martin, 45
Michael Mauboussin, 79
Michael McCullough, 107
Mechanical Turk, 100
mercados do tudo-ou-nada, 26, 142
meritocracia, 12
Robert K. Merton, 40
52 Metro, 45
Hugo Mialon, 30
Microsoft, 48, 49, 56
Branko Milanovic, 24
Leonard Mlodinow, 48
Mona Lisa, 26, 38
MS-DOS, 49
Charlie Munger, 52
Liam Murphy, 102

N

Thomas Nagel, 102
Nepal, 93
The Nepotist, 44, 61
Netflix, 59
New Orleans, 40
New Yorker, 71, 108
New York Times, 13, 21, 44, 57, 91, 96, 111
Nixon, Richard, 109
Nova Zelândia, 35, 95
NPR, 22
Sam Nunn, 128, 168

O

Obama, Barack, 91, 97
Ryan O'Neal, 38
oportunidade de ouro, 32, 113, 128, 131
Organização para a Cooperação e Desenvolvimento Econômico, 118
otimismo ingênuo, 84
Our Kids, 144

P

Al Pacino, 38
Países Baixos, 35
países Escandinavos, 35
palavras cruzadas, 90
Palomar, 129
parada cardíaca repentina, 146
Tim Patterson, 48
pedidos de falência, 118
perícia, 86
Tom Perkins, 108
Vincenzo Peruggia, 38
Pesquisa Educacional Longitudinal, 144
Thomas Piketty, 65
pobreza, 30
O poderoso chefão, 38
poder relativo de compra, 98
polarização política, 32
Porsche, 31, 97, 121
Prêmio Nobel, 42
Primavera Árabe, 112
Prince Ali Lucky Five Star, 81
princípio do "sem-almoço-grátis", 113
produção de pianos, 54
Robert Putnam, 144
Mario Puzo, 38

Q

QDOS, 48

R

Birkhaman Rai, 24
Ronald Reagan, 96
Sean Reardon, 14
recorde em atletismo, 73
Reddit, 67
PeeWee Reese, 141
Dennis Regan, 17
rei do gelo, 50
resistência tributária, 110
Review of Economics and Statistics, 43
Frank H. T. Rhodes, 22
RJR Nabisco, 62
Mitt Romney, 91
Sherwin Rosen, 58

S

sadistas, 124
Morley Safer, 137
Carl Sagan, 76
Salomon Brothers, 12, 13
Jack Sams, 48
Paul Samuelson, 80
Kirsten Saracini, 135
Barry Schwartz, 17
Stephen Schwarzman, 108
Seattle Computer Products, 48
seleção natural, 83, 119, 120
Monica Seles, 58
Martin Seligman, 107
sequência sistemática de feedback positivo, 109
Simulações numéricas, 74
Slate, 120
Adam Smith, 64
Sociedade Americana de Engenheiros Civis, 94

Sony, 56
sotaque britânico, 21, 22
S&P 500 64
Herb Stein, 109
Rod Stewart, 108
The Success Equation, 79
Suíça, 35
James Surowiecki, 108
Willie Sutton, 103

T

Nassim Taleb, 82
Tânger, 94
taxas de divórcio, 118
TAXAS MÁXIMAS DE TAXA MARGINAL, 95
teoria da atribuição, 86
Teorias econômicas ortodoxas, 29
THALER, Richard, 176, 178
John Tierney, 84
torta econômica, 32
Transparência Internacional, 35
Frederic Tudor, 50
Turbo Tax, 26
Amos Tversky, 79

U

Universidade de Berkeley, 137
Universidade de Princeton, 11
Universidade de Stanford, 14
Universidade de Wisconsin, 40
Yale, 136
Universidade Estadual de Ohio, 135
Universidade Northeastern, 103

V

Aurora Valenti, 34
valorização da qualidade, 64
Stuart Varney, 21, 23, 24
Vencedores da loteria, 81
vento a favor, 73
vento contra, 73, 89, 90
vestibular, 46, 94
VHS, 56, 57
viagens diárias mais longas, 118
VIARD, Alan D., 180

W

Wall Street, 12, 13
Elizabeth Warren, 28
Duncan Watts, 37, 44
Wealth of Nations, 64
E. B. White, 5
Walter White, 39, 40, 77
John Whitfield, 120
irmãs Williams, 47
Willpower, 84
Charles Erwin Wilson, 61
Windows, 56
windsurf, 23
The Winner-Take-All Society, 65
Wordical, 90

Y

Michael Young, 12
YouTube, 29, 60
Yuezhou Huo, 100

Z

Zimbábue, 88